AF634055

HEYNE <

Das Buch

Immer schon hatte er das Kleine geliebt, hatte im Einweckglas ein Ameisenvolk gezüchtet, die Pantoffeltierchen und Amöben aus einem Tropfen Pfützenwasser unter dem Mikroskop betrachtet oder Hunderte junger Spinnen bestaunt, die in der Balkenecke der Wohnstube geschlüpft waren. Eine Vogelfeder, ein kleiner Knopf, die tanzenden Staubkörnchen auf dem Dachboden – sie waren ihm wie Schätze erschienen, während sie den anderen wertlos vorkamen. Vielleicht war es dumm, über diese Kleinigkeiten zu staunen. Dann wollte er nie klug werden. Vielleicht war es aber auch seine Aufgabe, diese Wunder zu entdecken und andere Menschen zum Staunen zu bringen.

Für Wilson Bentley ist jede Schneeflocke einzigartig in ihrer atemberaubenden Schönheit. Manche halten ihn deswegen für einen Spinner. Doch für Mina, die ihn und seine Arbeit mehr und mehr bewundert, wird er zum Reiseführer in eine andere Welt.

»Titus Müller zeichnet Bentleys jahrzehntelangen Weg bis zur wissenschaftlichen Wertschätzung sorgsam recherchiert nach und bettet diesen behutsam in eine schneeflockenzarte Liebesgeschichte ein.«
ERF Radio

Der Autor

Titus Müller, geboren 1977, studierte Literatur, Geschichtswissenschaften und Publizistik. Mit 21 Jahren gründete er die Literaturzeitschrift »Federwelt« und veröffentlichte seither mehr als ein Dutzend Romane. Er lebt mit seiner Familie in Landshut, ist Mitglied des PEN-Clubs und wurde u. a. mit dem C.S.-Lewis-Preis und dem Homer-Preis ausgezeichnet. Seine Trilogie um »Die fremde Spionin« brachte ihn auf die SPIEGEL-Bestsellerliste und wird auch von Geheimdienstinsidern gelobt.

Lieferbare Titel
978-3-453-43776-0 – Nachtauge
978-3-453-43827-9 – Die Todgeweihte
978-3-453-47137-5 – Der Kalligraph des Bischofs
978-3-453-43930-6 – Der Tag X
978-3-453-42265-0 – Die Jesuitin von Lissabon
978-3-453-44125-5 – Die fremde Spionin
978-3-453-44126-2 – Das zweite Geheimnis
978-3-453-44127-9 – Der letzte Auftrag

TITUS MÜLLER

DER SCHNEE-KRISTALLFORSCHER

Erzählung

Wilhelm Heyne Verlag
München

Der Verlag behält sich die Verwertung der urheberrechtlich geschützten Inhalte dieses Werkes für Zwecke des Text- und Data-Minings nach § 44 b UrhG ausdrücklich vor.
Jegliche unbefugte Nutzung ist hiermit ausgeschlossen.

MIX
Papier | Fördert gute Waldnutzung
FSC® C014496
FSC www.fsc.org

Penguin Random House Verlagsgruppe FSC® N001967

Neuausgabe 09/2024
© 2013 by Titus Müller
Copyright © 2013 der deutschsprachigen Ausgabe by
adeo Verlag in der Gerth Medien GmbH, Aßlar
Copyright © 2024 dieser Ausgabe by
Wilhelm Heyne Verlag, München,
in der Penguin Random House Verlagsgruppe GmbH,
Neumarkter Straße 28, 81673 München
Dieses Werk wurde vermittelt durch die
Literarische Agentur Gaeb & Eggers.
Umschlaggestaltung: Nele Schütz Design
unter Verwendung von Motiven von © Shutterstock/Sterryk
und TWIN DESIGN STUDIO
Druck und Bindung: GGP Media GmbH, Pößneck
Printed in Germany
ISBN: 978-3-453-42964-2

www.heyne.de

Der Wind trieb den Neuschnee wie Flaumfedern über die weißen Hänge. In Kesseln häufte er ihn an, formte Dünen und verwehte sie wieder, streute die Kristalle in die Ritzen der Baumrinde und brachte sie zu zartem Klirren. Während Wilson durch den nächtlichen Wald stapfte, floss der Schnee von den breiten Schneeschuhen ab. Das Netz aus Lederstreifen knirschte bei jedem Schritt und verhinderte, dass er einsank.

An einer Gruppe von Ahornbäumen ging er in die Hocke und setzte das Joch und die schweren Eimer ab. Er trat an den ersten Baum heran, zog den Zinndeckel vom Gefäß und sah hinein. Es war zur Hälfte gefüllt. Ein süßer Duft stieg ihm in die Nase. Das dünne Rohr, das im Baum steckte, tropfte nicht mehr, jetzt herrschte Frost, da hörten die Bäume auf, ihren Saft hinauf in die Knospen zu schicken. Aber tagsüber war es warm gewesen und einiges war in das Gefäß gelaufen. Er hob es vom Haken und entleerte es in den rechten Eimer. Ein zum Eisklumpen gefrorenes Stück Baumsaft plumpste mit dem Flüssigen hinein. Er hängte das Gefäß wieder ein und schob den Deckel darauf, damit kein Schnee hineinfiel und auch sonst nichts den kostbaren Zuckerahornsaft verunreinigte. Dann ging er zum nächsten Baum.

Die Ruhe des Waldes senkte sich tief in sein Herz. Wilson staunte über den Frieden, den er empfand. Er lief auf einer glitzernden Woge von Schneekristallen und sammelte den Saft von Bäumen, die das Erwachen des Frühlings gespürt hatten. In diesem Hain waren die haushohen Geschöpfe älter als er, mancher Baum wuchs bereits 300 oder 400 Jahre lang und beherbergte Insekten, Vögel, Mäuse und Eichhörnchen.

Als er alle Gefäße entleert hatte, hockte er sich unter das Joch und stemmte die beiden Eimer in die Höhe. Sie waren voll, es war Zeit, den Rückweg zum Zuckerhaus anzutreten. Vor Kälte waren ihm die Finger taub geworden, trotz der Handschuhe, und er freute sich darauf, sie am Holzfeuer zu wärmen. Das Zuckerhaus kam bald am Waldrand in Sicht, eine Bretterbude im Schnee, aus deren Abzug es dampfte. Und doch ein heimeliger Ort, eine Zuflucht, die er liebte. Innen gab es Platz und Wärme wie in der Wohnstube zu Hause.

Als er mit dem Fuß die Tür aufschob und seitwärts, um nicht mit dem Joch anzustoßen, den beheizten Raum betrat, ertönte drinnen ein Schrei.

Mina Seeley sah ihn mit großen, angstgeweiteten Augen an.

„Was tun Sie hier?", fragte er.

„Ich …" Sie schnappte nach Luft, als wäre er ein Geist.

„Haben Sie sich wegen mir so erschreckt?" Er setzte das Joch ab. „Sie sind die neue Lehrerin, richtig?" Jeder in Jericho wusste, wer sie war. Die Frage war lediglich ein unbeholfener Versuch, höflich zu sein.

Allmählich gewann sie ihre Fassung zurück. „Mina Seeley." Sie reichte ihm die Hand.

„Wilson Bentley."

„Ich wollte mich nur aufwärmen." Verlegen strich sie sich über das braune Baumwollkleid. Sie trug ein eher unauffälliges Korsett, das ihre Taille zwar betonte, aber nicht übermäßig einschnürte. Es gefiel ihm.

In den Kesseln kochte der Saft der Zuckerahornbäume und verströmte Karamellduft. „Sie haben Holz nachgelegt?" Eine junge Frau aus der Stadt, die sich um die Kessel kümmerte. Das hätte er nicht erwartet.

Sie lächelte. „Hier riecht es so gut.“

Wilson schnallte die Schneeschuhe ab und stellte sie neben die Tür.

„Man hat mich vor Ihnen gewarnt“, sagte sie.

„Weshalb? Weil ich verrückt bin?“ Er sah nach den Kesseln und rührte prüfend um. Er wägte die Art ab, wie die Blasen zerplatzten, und begutachtete die bernsteinartige Farbe und die Konsistenz. Im linken Kessel war der Sirup bald genügend angedickt. In einer halben Stunde würde er ihn vom Feuer nehmen und den neu gesammelten Saft aufsetzen können. Der Saft verdarb so schnell wie Milch, er musste zügig ausgekocht werden. „Und das haben Sie geglaubt?“

Das Haar fiel ihr in dünnen blonden Strähnen auf die Schultern. Ihre großen Augen waren ihm schon neulich im Country Store aufgefallen. Mais, Mehl und Butter hatte sie eingekauft, und es hatte einen kurzen Blickwechsel gegeben, er hatte noch lange daran denken müssen, diese Augen vergaß man nicht so leicht.

„Was die Leute eben so reden“, entgegnete sie.

Mina war kaum älter als er, dreiundzwanzig vielleicht oder vierundzwanzig. Sie musste ein kluger

Kopf sein, vielleicht verstand sie als Lehrerin, was er tat, und verhöhnte ihn nicht. „Es ist die Wahrheit", sagte er. „Ich sammle Schneeflocken."

Sie knöpfte ihren Mantel zu. „Ich glaube, ich gehe jetzt besser."

„Sie halten mich für einen Spinner."

Mina hielt in der Bewegung inne, als müsste sie nachdenken. Dann nickte sie. „Wenn ich ehrlich bin, ja." Sie sah ihm in die Augen. „Wenn jemand Spielzeug sammelt oder geschnitzte Tiere oder Musiknoten, das kann ich verstehen. Aber Schneeflocken sind etwas … bizarr, wenn Sie mir das Wort verzeihen."

„Ich sammle sie nicht in Einweckgläsern. Ich fotografiere sie."

„Hat man mir gesagt. Trotzdem sehe ich keinen Sinn darin. Ich will Ihnen nichts vormachen."

„Haben Sie schon mal die mikrografische Aufnahme einer Schneeflocke gesehen?"

Sie runzelte die Stirn.

„Sehen Sie? Sie lachen über etwas, das Sie nicht kennen."

„Jeder kennt Schnee." Es klang trotzig, wie sie das sagte.

„Im Gegenteil. Niemand kennt ihn. Wissen Sie, wie

Schneekristalle entstehen? Man kann nur Vermutungen anstellen. Ich glaube, sie entstehen aus Wasserdampf durch Sublimation, sie kennen also keinen flüssigen Zustand. Aber keiner auf der Welt hat das bisher untersucht."

„Woher wissen Sie über so etwas Bescheid? Sie sind doch Bauer, Sie haben Ihren Hof die Straße rauf von der Schule, nicht wahr?"

Er zuckte die Achseln. „Mein Bruder und die anderen Jungs haben Indianer gespielt oder mit der Schleuder Jagd auf Eichhörnchen gemacht. Ich hab immer gelesen."

Mina musterte ihn zweifelnd.

„Wollen Sie sich die Bilder einmal anschauen? Sie suchen sich ein Schönes aus und ich schenke es Ihnen für die Schule. Die Kinder würden bestimmt darüber staunen."

„Ich überleg's mir. Es war nett, Sie kennenzulernen."

„Sie haben noch gar keinen Sirup gekostet." Er wies auf den linken Kessel. „Der ist jetzt fertig."

„Vielleicht ein andermal."

Als sie nach draußen trat und der kalte Hauch des Winters hereinströmte, sagte er: „Morgen feiern wir hier das Zuckerfest. Viele Ihrer Schüler werden da sein. Ich würde mich freuen, wenn Sie auch kämen."

„Danke, das ist sehr freundlich. Gute Nacht, Mister Bentley."

„Soll ich Sie nach Hause bringen? Es ist bereits dunkel."

„Nicht nötig. Wirklich." Sie wies hinter sich in die Dunkelheit, wo die Lichter von Jericho schimmerten. „Die kurze Strecke schaff ich auch allein."

*

Jericho, in den Laubwäldern der Green Mountains an einem alten Indianerpfad gelegen, war ein verschlafener Ort, auch noch im Jahr 1887. Drei Mühlräder waren im Wasser festgefroren: das Rad der Kornmühle, das Rad der Sägemühle und das der Stärkefabrik, der die Bauern ihre Kartoffeln für 10 Cent je Scheffel verkauften. Einen Laden für Stiefel und Schuhe gab es noch, ein winziges Postamt und eine Schreinerei, die Stühle herstellte. In kärglichen hölzernen Wohnhäusern lebte die Bevölkerung von Jericho.

Alles schien stillzustehen an diesem Winterabend. Die Wege waren menschenleer. Nur das Licht der

Kerosinlampen, das aus den Fenstern in die Dunkelheit hinausflackerte, verriet, dass nicht alle schliefen. Von den Schornsteinen zogen Wolken aus Rauch in den Sternenhimmel.

Für jemanden, der aus New York City kam, war Jericho der perfekte Ort, um seine Gedanken zu ordnen. Keine sirrenden Telefondrähte, kein Tuten von Schiffen aus dem Hafen, kein Knallen der Peitschen der pferdegezogenen Tram. Keine Hochbahn, die mit ihrer keuchenden kleinen Dampflok über die Trasse ratterte. Niemand, der lachend oder fluchend aus einem Fan-Tan-Spielsalon trat. Kein Straßenhändler, der einen ansprach, keine trommelnden oder fiedelnden Straßenmusiker. Nur stille schneebedeckte Dächer und das gelegentliche Muhen einer Kuh im Stall.

Mina fühlte sich innerlich aufgeräumt, als sie sich den Schnee von den Schuhen klopfte und die Treppe zu ihrem Zimmer hinaufstieg. Kaum hatte sie aber das Zimmer betreten und sah den Brief aus New York auf dem Tisch liegen, verflog das Behagen. Sie hatte den gesamten Heimweg nicht mehr daran gedacht, obwohl sie den Spaziergang doch mit dem Vorsatz begonnen hatte, sich über ihre Entscheidung klar zu werden.

Diese Flucht nach Vermont half nicht. Nach wie vor fühlte sie sich nicht in der Lage, über ihr Leben zu entscheiden. Da konnte sie hundertmal in der ruhigen Berglandschaft spazieren gehen und sich in Zuckerhütten aufwärmen, am Ende musste sie doch nach New York heimkehren und Ja sagen oder Nein.

Missmutig nahm sie die Wärmflasche vom Nachttisch und befreite sie vom gehäkelten Überzug. Das Kupfer der Wärmflasche war noch kälter als ihre Hände. Sie stieg die steile Treppe hinunter und durchquerte den Flur.

In der Küche wurde sie fröhlich empfangen. „Miss Seeley", krähte der Jüngste der Nashs, „schauen Sie mal, was ich kann!" Er legte ein Ei auf einen Löffel, steckte sich den Griff in den Mund und balancierte das Ei durch den Raum. Seine Schwestern verdrehten die Augen.

„Solltest du nicht längst im Bett sein?", fragte sie.

„Genau", rief Hannah, die gerade mal ein Jahr älter war als er, „du musst ins Bett! Ich darf noch ein bisschen aufbleiben. Oder, Izetta?"

Izetta, die Älteste, schüttelte den Kopf. „Ihr geht beide ins Bett."

„Aber das ist ungerecht!" Hannah verzog wütend

das Gesicht. „Ich bin älter als er. Er muss zuerst schlafen." Sie wandte sich an Mina. „Miss Seeley, sagen Sie Izetta, dass ich noch aufbleiben darf, bitte!"

Mina goss Wasser aus dem Krug in einen kleinen Topf und stellte ihn auf den Herd. „Nein, Hannah. Tu, was deine Schwester dir sagt."

Izetta nahm Joshua Ei und Löffel ab und scheuchte ihn ins Schlafzimmer. Dann kam Hannah an die Reihe. Sie wich Izettas Griff aus, stampfte aber trotzdem wütend ihrem Bruder hinterher.

Endlich kehrte Stille in der Küche ein. „Danke, Miss Seeley", sagte Izetta und setzte sich wieder an die Kartoffeln.

„Du schälst heute schon für morgen?", fragte Mina.

„Morgen ist das Zuckerfest. Da will ich so wenig Arbeit wie möglich haben."

Mina blieb vor dem Herd stehen und hielt ihre Hände vor die Ofenklappe. Der Herd strahlte wohlige Wärme ab. Leise knackte das Holz im Feuer. „Du gehst da also hin."

„Das lasse ich mir nie entgehen! Und die Kleinen kommen mit, also hat Mutter Ruhe im Haus. Einmal im Jahr – sie kriegt nichts vom Ahornsirup ab, aber ich glaube, es ist trotzdem der schönste Tag des Jahres für sie."

„Wilson Bentley hat mich eingeladen, ich soll morgen mitkommen."

Izetta sah hoch. „Natürlich kommen Sie mit, Miss Seeley!"

„Kennst du ihn gut?"

„Seit ich auf der Welt bin. Jeder in Jericho liebt ihn."

Sie stutzte. „Da habe ich aber anderes gehört."

„Die Erwachsenen haben keine Ahnung." Izetta hielt eine korkenzieherförmige Schalenschlange hoch. „Schauen Sie mal! So lang kriegt sie nicht mal Mama hin."

„Gut gemacht." Kleine Bläschen stiegen im Wasser auf. Bald würde das Wasser kochen. Mina schloss die Luftzufuhr des Herds, um kein Holz zu vergeuden. „Wie kommt's, dass ihr Kinder ihn so liebt?"

„Onkel Willy nimmt sich Zeit für uns. Er geht mit uns rodeln oder er macht Tiergeräusche nach. Sogar Stimmen kann er nachmachen! Er kennt die Stimme von jedem hier in Jericho."

Sie runzelte die Stirn. Ein Spaßmacher also. Natürlich, die liebten die Kinder immer. Solche Leute übernahmen keine Verantwortung. Wenn die vergnügliche

Stunde vorüber war, verschwanden sie und überließen die Schwierigkeiten des Alltags anderen. Dazu seine fixe Idee mit den Schneeflocken. Vermutlich war er nie richtig erwachsen geworden.

Das Wasser kochte. Sie nahm einen Topflappen, schraubte den Messingverschluss von der Wärmflasche, hob den Topf vom Herd und goss das dampfende Wasser in die Flasche, während sie das Kupfergefäß mit dem Topflappen hielt. Ein Rest blieb übrig. „Ich lass dir das Wasser stehen, Izetta, ja? Und vergiss über der ganzen Hausarbeit nicht die Mathematik!"

„Tu ich nicht, Miss Seeley, ich versprech's."

*

Kinder tobten ins Zuckerhaus hinein und wieder heraus, sie juchzten, jagten sich und bewarfen sich mit Schnee. Selbst die Erwachsenen waren bester Laune. Wieder und wieder kamen sie zu Wilson und ließen sich frischen Ahornsirup auf den Schnee in ihren Schüsselchen gießen.

Als seien sie durch eine stillschweigende Absprache gebunden, behandelten ihn die Leute heute nicht wie einen Sonderling. Sie grüßten freundlich, fragten, wie es seinen Kühen ging, und erkundigten sich nach der Gesundheit seiner Eltern.

Charles war natürlich nicht gekommen. Mary genauso wenig, offenbar hatte Charles ihr verboten, am Zuckerfest teilzunehmen. Der Winter war die schlimmste Zeit für ihren Bruderstreit. Im Frühjahr konnten sie Seite an Seite Kartoffeln pflanzen, im Sommer hackten sie gemeinsam Unkraut und machten Heu. Obwohl er schon immer schmächtiger gewesen war als Charles, hielt er mit und tat seinen Teil der Arbeit. Kaum aber fiel der erste Schnee und er sammelte Kristalle, wurde Charles ungehalten.

Dabei stand Wilson vor Sonnenaufgang auf und ging mit der Kerosinlampe zum Stall, melkte die Kühe und versorgte die Pferde. Er schaffte Brennholz aus dem Wald heran und zerkleinerte es mit dem Beil zu handlichen Scheiten. Er mischte aus Heu, Kleie und Mehl neues Futter für die Milchkühe.

Stellte er sich nach all diesen Pflichten einmal kurz in den Schneefall und fing einige Kristalle, kam sofort Charles aus dem Haus und fuhr ihn an, er würde faulenzen. Gestern war er kauend herausgetreten, er unterbrach also sein Mittagsmahl, um zu schimpfen – das hieß, er selbst hatte auch nicht gearbeitet in diesem Moment! Aber er konnte es nicht ertragen, wenn sein Bruder sich mit Schnee beschäftigte. Der Anblick machte ihn wütend, weil er es nicht verstand. Charles hatte herumgebrüllt, kommandiert und ihm Vorwürfe gemacht. Er würde wahrscheinlich noch bis morgen zornig schweigen und ihm aus dem Weg gehen, und dann würden sie sich versöhnen, nur, um sich bei der nächsten Gelegenheit erneut in die Haare zu geraten.

Ich lasse mir das schöne Fest nicht verderben, dachte er und trat aus der Hütte. Zwei Jungs hatten es aufs Dach geschafft und reckten triumphierend die Fäuste in die Höhe. „Billy, Jonathan, kommt runter da", rief er, „ihr kracht sonst durch, das sind bloß dünne Bretter!"

Sie sprangen herab und rannten unter wildem Indianergeheul in den Wald.

Die Nash-Kinder waren noch nicht da. Würden sie Mina mitbringen?

Er trat zu einem Bauern, dem sie im vergangenen Jahr bei der Heuernte geholfen hatten, und fragte nach seinen Kühen. Dann sprach er mit dem Arzt, der mit drei süßen Töchtern gekommen war, über Vaters Leberleiden. Die ganze Zeit aber behielt er dabei den verschneiten Weg am Waldrand im Blick.

Und dann sah er sie, umgeben von den Nash-Kindern. Eilig löste er Rosie bei den Kesseln ab. Er wollte es sein, der Mina vom Sirup zu kosten gab.

Die Kinder kamen. Hannah ergatterte sogar eine doppelte Portion. Aber wo blieb Mina? Sie holte sich weder Ahornsirup, noch kam sie, um ihn zu begrüßen. Er trat in die Tür und sah zu ihr hin. Sie redete mit den Eltern der Schulkinder.

Den ganzen Nachmittag wartete er. Als es langsam dunkel wurde und Hannah und Joshua kamen, um sich zu verabschieden, hielt er es nicht länger aus. Hatte er Mina auf irgendeine Weise verärgert? Mit jagendem Puls begleitete er die beiden Kleinen zu Izetta und Mina, die schon in Richtung Stadt aufgebrochen waren. Sie drehten sich um und Mina sah ihn irritiert an.

„Sie tun mir leid", sagte er. „Sie haben die Racker jeden Tag in der Schule und jetzt mussten Sie ihr Geschrei beim Zuckerfest schon wieder ertragen." Was redete er da! Sie mochte Kinder, sonst wäre sie nicht Lehrerin geworden. Und er hörte sich an, als hielte er die Kleinen für Ungeheuer. Dabei liebte er sie doch!

„Keine Sorge, Mister Bentley."

Er machte sich lächerlich. Er hätte ihr nicht nachlaufen sollen. Unter dem Druck, etwas Rettendes zu sagen, stolperten seine Gedanken durcheinander.

Mina hatte Mitleid, er sah es an ihrem Blick. Sie fragte: „Wer hat das eigentlich herausgefunden, dass man den Saft dieser Bäume essen kann und dass er süß schmeckt?"

Die zwei Nash-Mädchen jagten Joshua über die schneebedeckten Hänge, dann jagte Joshua die Mädchen. Wilson erzählte erleichtert von den Indianern, die hier schon vor Jahrhunderten mit Tomahawks v-förmige Schnitte in die Zuckerahorn-Bäume geschlagen und ihren Saft in Gefäßen gesammelt hatten, um Ahornsirup daraus zu kochen. Er erklärte ihr, dass ein Baum mindestens vierzig Jahre alt sein müsse, um sich fürs Anzapfen zu eignen, und dass das frühe Märzwetter ideal für die Ernte sei, weil die Zuckerahornbäume am meisten Saft hervorbrachten, wenn es warme, sonnige Tage und kalte Nächte mit Frost gab.

„Fügt man dem Baum keinen Schaden zu, wenn man ihm den Saft raubt?", fragte sie.

„Wir machen das seit vielen Jahren bei den gleichen Bäumen und es geht ihnen offensichtlich gut. Man nimmt ja nicht allen Saft weg, sondern nur einen winzigen Teil."

Als sie einige Schritte lang schwiegen, fing sein Herz wieder an zu jagen. Er befürchtete, rote Flecken im Gesicht könnten seine Aufregung verraten. „Der Schnee ist schon ganz niedergetrampelt von den vielen Besuchern im Zuckerhaus", sagte er und wies auf den Weg.

Sie blieb stehen. „Sicher vermisst man Sie dort. Sie müssen zurück."

Er nahm allen Mut zusammen und fragte: „Hätten Sie Lust, uns morgen einmal zu besuchen? Meine Mutter würde sich freuen, sie war früher selbst Lehrerin." Er schluckte. „Und ich würde Ihnen gern die Schneekristalle zeigen."

Er versuchte, in ihrem Gesicht zu lesen, aber sie verriet sich durch keine Regung.

„Sehr gern", sagte sie schließlich.

Wilson stellte den Melkeimer ab. Er streckte die Hände aus und fing Schneekristalle auf. Der ideale Schnee. War es zu warm, klumpten die Kristalle zu Flocken zusammen. War es zu kalt, fiel nur noch Diamantstaub. Aber dieser leichte Schneefall war großartig. Einzelne Schneekristalle sanken mit den Flocken herab, und es war nahezu windstill, sie würden unbeschädigt sein.

Ausgerechnet heute, wo Mina zu ihm kam! Er ließ den Melkeimer stehen und rannte zum Schuppen. Hastig griff er die Lupe, die Truthahnfeder und das schwarze Brettchen und eilte wieder nach draußen.

Er hielt das Brettchen in den Schneefall. Die weißen Schätze sanken darauf nieder. An windigen Tagen wehten Schneekristalle sofort wieder davon. Heute aber hatte er Zeit. Er hielt die Luft an, um sie nicht durch den Atem zum Schmelzen zu bringen, und untersuchte sie mit der Lupe.

Noch war er nicht zufrieden. Er wischte das Brett mit der Truthahnfeder ab und hielt es wieder in den fallenden Schnee.

Charles trat aus dem Hühnerstall, die kotbefleckte Schaufel sah aus wie eine Waffe. „Vierundzwanzig Kühe warten darauf, gemolken zu werden. Und du guckst dir Schneeflocken an."

„Ich kümmere mich gleich um die Kühe."

„Vater ist krank! Er kann uns nicht mehr zur Hand gehen."

„Wir schaffen's schon." Er sah sich die neuen Exemplare an. Ein herrlicher Stern war darunter.

„Schnee kann man nicht essen, Wilson. Und wir müssen diese Woche noch siebenhundert Gallonen Ahornsirup umfüllen und wegbringen. Die Arbeit steht uns bis zum Hals."

„Ich komme in einer Stunde und helfe dir. Ich krie- ge heute Besuch, Charles, und möchte vorher einige Fotos machen."

Charles kniff den Mund zu einem blassen Strich - zusammen. Er warf die Schaufel hin und ging ohne ein weiteres Wort ins Haus.

Der Stern war ein echter Fund. Wilson brachte das Brettchen in den Schuppen. Es war kalt hier, oft fror er, wenn er lange still am Mikroskop stand, er hätte sich noch den Schal holen sollen. Anders war die Arbeit aber nicht zu machen, es musste kalt sein. Für seine kleinen Wunder fror er gerne.

Vorsichtig berührte er mit einem Holzsplitter die Mitte des Sternkristalls. Es blieb daran kleben. Er übertrug den Kristall auf ein Glasplättchen. Mit der Truthahnfeder schob er ihn in die richtige Position, bis er flach und mittig auf dem Glas lag.

Unter dem alten Mikroskop prüfte er den Kristall. Er war tatsächlich unbeschädigt und hatte noch nicht begonnen zu verdunsten. Die Wassermoleküle eines Schneekristalls begannen sich meist an den Spitzen oder den scharfen Kanten zu verflüchtigen, dann wurden die Kanten rund und die Spitzen kurz. Aber dieser sah herrlich aus.

Er brachte ihn zum neuen Mikroskop. Sorgfältig drehte er den Spiegel so, dass das Tageslicht auf den Kristall gelenkt wurde. Er ging hinter die Kamera und warf sich das schwarze Tuch über. Etwas größer sollte der Stern sein, damit seine Schönheit bis in die Details hinein sichtbar wurde. Er zog den Balg der Kamera länger. Mit dem groben, dann mit dem feinen Drehknopf stellte er das Bild scharf.

Herrlich! Die Eisnadeln des Sterns bildeten jede zahlreiche seitliche Nebenstrahlen, und die Nebenstrahlen waren von winzigen Eisspitzen besetzt, sodass sie wie Federn aussahen. Ein gefiederter Stern. Zudem hatten die Eisnadeln jede eine Mittelrippe, sodass es aussah, als würde ein kleiner Stern auf dem großen liegen. Ein Prachtexemplar.

Er entfernte die Glasscheibe der Kamera und ersetzte sie durch eine fotografische Platte. Dann zog er die schwarze Pappkarte weg und zählte die Sekunden: Acht … Neun … Siebzehn … Zweiundzwanzig … Vierunddreißig … Vierzig.

Dieser Kristall war gerade schön genug für Mina. Er musste das Negativ gleich nachher entwickeln und fixieren und ein Duplikat davon herstellen, aus dem er das Weiß rings um den Schneekristall wegschneiden konnte. Vor schwarzem Hintergrund sah man seine Schönheit besser.

Er blickte aufs Thermometer. Minus zwei Grad Celsius. Im Notizbuch notierte er die Witterung und die Temperatur. Bei minus zwei Grad gab es die größten Schneesterne, manche vier Millimeter im Durchmesser. Schon bei minus sechs Grad schrumpften sie auf drei Millimeter und bei minus zwölf hatten sie oft nur noch einen Durchmesser von einem Millimeter. Was, wenn heute noch stattlichere Exemplare da draußen niederfielen? Ein oder zwei musste er noch fangen. Die Vorstellung, dass ihm womöglich gerade eine Entdeckung entging, machte ihn unruhig.

Er nahm das Brettchen und stürmte hinaus. Je kälter es war, desto weniger Wasserdampf enthielt ein Kubikmeter gesättigter Luft. Interessanterweise fielen mehr Plättchen und weniger Sterne, wenn es kalt war, obwohl es bei den Plättchen wunderschöne Fälle gab, nicht nur die simplen dünnen Eislamellen in Form länglicher Sechsecke, es gab auch Plättchen mit Linienornamenten und kronenartigen Ansätzen. Sogar zwölfseitige Plättchen hatte er einmal gesehen, obwohl doch per Naturgesetz alle Schneekristalle sechseckig waren. Vielleicht bestanden sie aus zwei zusammengewachsenen Plättchen?

Glückstrunken hielt er das Brettchen in den fallenden Schnee.

Ein Schatzsucher, ein Entdecker und Weltenerkunder war er, frei wie ein Vogel, dem Himmel mehr verwandt als der Erde.

Charles trat ihm in den Weg und sagte finster: „Vater will dich sehen."

*

Schon als er die Treppe hinaufging, hörte er Vater husten. Zusätzlich zur Lebererkrankung hatte Vater sich eine Erkältung zugezogen. Wilson klopfte kurz und öffnete die Tür. Vater saß aufrecht im Bett. Seine Gesichtshaut war gelb geworden, selbst das Weiß der Augen hatte sich gelb verfärbt. Von Tag zu Tag wurde es schlimmer. Er war stark gewesen, immer schon, ein Anpacker. Nichts hatte ihn beugen können. Bis jetzt. Der Krankheit war er wehrlos ausgeliefert.

„Du gaffst schon wieder nach Schneeflocken", begrüßte Vater ihn barsch. „Das ist Zeitverschwendung!"

„Ich hab einige meiner Bilder an die ‚New York Times' geschickt. Vielleicht drucken sie welche ab. Niemand hat Schneeflocken bisher so gesehen. Wenn die ‚Times' meine Bilder druckt, das wäre der Durchbruch, dann könnte ich weit damit kommen!"

„Unsinn. Wen interessiert der Schnee? Die Kinder vielleicht, wenn sie rodeln gehen. Ein gestandener Mann kümmert sich um das handfeste Leben."

Vater war immer einer gewesen, der sich kümmerte. Zum Beispiel darum, dass seine Söhne Ehefrauen fanden. Er hatte zwei Mädchen ins Haus genommen, entfernte Verwandte. Was zuerst wie eine Tat der Nächstenliebe ausgesehen hatte, entpuppte sich bald als solide Planung. Charles hatte vor fünf Jahren die ältere der Schwestern, Mary, geheiratet, da war sie zwölf gewesen. Mutter hatte der Hochzeit nur unter der Bedingung zugestimmt, dass sie mit dem Kinderkriegen warteten, bis Mary sechzehn war. Drei Wochen nach Marys sechzehntem Geburtstag war Alric zur Welt gekommen.

Aber bei ihm, Wilson, klappten Vaters Pläne nicht. Weder begeisterte er sich für die Milchkühe noch für Melissa, die jüngere der beiden Schwestern. Er betrachtete den Wildfang als junges, zu beschützendes Mädchen, nichts weiter. Letztes Jahr, nachdem die siechende Mutter der Mädchen in Winooski gestorben war und sie damit zu Waisen geworden waren, hatte Vater das endlich eingesehen und Melissa adoptiert, sodass sie auch ohne Hochzeit ein Teil der Familie hatte werden können.

„Wolltest du nur den alten Streit auffrischen oder geht es noch um etwas anderes?"

„Wilson." Vater ließ die gelben Hände auf die Bettdecke sinken. „Ich möchte, dass du nicht vergisst, was deine Aufgabe ist. Ich bin nicht mehr lange da. Dann werden dein Bruder und du den Hof allein bewirtschaften. Jedes Jahr sind sechzig Tonnen Heu einzubringen. Die Kühe geben Milch für viertausendzweihundert Pfund Butter. Ihr müsst den Hafer säen und ernten, Kartoffeln graben und Unkraut hacken, ihr habt Pferde und Ochsen und Hühner zu versorgen. Dein Bruder kann das ohne dich nicht schaffen. Und Fanny wird alt, ihr dürft ihr nicht zu viel aufbürden. Versprichst du mir, dass du dich zusammenreißt?"

Was sollte er ihm sagen? Vater würde nie verstehen, dass ihm ein Leben nicht genügte, in dem er täglich seine Pflicht erfüllte und erledigte, was zu tun war. Er wollte nicht aus sturem Fleiß an all den Wundern vorbeistapfen, die Gott in diese Welt gepflanzt hatte. Immer schon hatte er das Kleine geliebt, hatte im Einweckglas ein Ameisenvolk gezüchtet, die Pantoffeltierchen und Amöben aus einem Tropfen Pfützenwasser unter dem Mikroskop betrachtet oder Hunderte junger Spinnen bestaunt, die in der Balkenecke der Wohnstube geschlüpft waren. Eine Vogelfeder, ein kleiner Knopf, die tanzenden Staubkörnchen auf dem

Dachboden – sie waren ihm wie Schätze erschienen, während sie den anderen wertlos vorkamen.

Vielleicht war es dumm, über diese Kleinigkeiten zu staunen. Dann wollte er nie klug werden. Vielleicht war es aber auch seine Aufgabe, diese Wunder zu entdecken und andere Menschen zum Staunen zu bringen. Charles mochte sie mit Butter versorgen, auch das war wichtig, ganz gewiss. Er, Wilson, würde sich jedenfalls nicht zu einer Arbeit zwingen lassen, die ihn nicht glücklich machte. „Ich weiß, dass ich mich um die Kühe und die Felder kümmern muss", entgegnete er. „Das gehört dazu. Ich kann mit den Schneekristallen kein Geld verdienen, und ich muss ja essen und will auch meinen Teil dazutun, dass Mutter und du versorgt sind. Aber ich werde meine Forschung nicht aufgeben, Vater."

Unter den buschigen Augenbrauen wurde Vaters Blick hart. „Wie du meinst", sagte er leise. Ein Lauern lag in seiner Stimme. „Eines Tages wachst du auf."

Enterbe mich doch, dachte Wilson. Was ich in den Schneekristallen habe, kannst du mir nicht nehmen. Er verließ das Zimmer. Vater war alt und krank. Man konnte von ihm keine Güte erwarten. Schon als er gesund gewesen war, hatte ihm die Kraft gefehlt, seinen

Sohn zu verstehen, der so ganz anders war als er. Wie sollte es ihm dann jetzt gelingen?

Unten in der Stube traf er auf Mary. Sie kniete auf dem Boden und wrang einen grauen Putzlappen über dem Eimer aus. Die Hälfte des Zimmers war nass.

„Was tust du da?", fragte er. „Reicht dir die Arbeit in eurer Haushälfte nicht aus?"

„O doch, glaub mir." Sie wischte sich den Schweiß aus dem Gesicht. „Aber ein gewisser Wilson Bentley bekommt heute Abend Damenbesuch, hat mir Charles gesagt. Und hier sieht es aus wie in 'nem Saustall."

Ordnung zu halten hatte noch nie zu seinen Stärken gezählt. „Wo ist Melissa?", fragte er verlegen.

„Bei den Kühen, glaub ich. Die wurden heute Morgen vergessen."

Er spürte, wie er errötete. „Ich geh ihr helfen."

Als er an ihr vorüberging, rief sie: „Willy."

Er blieb stehen. „Ja?"

„Viel Glück heute Abend." Sie lächelte.

„Danke. Und danke, dass du mit dem Haushalt hilfst."

*

Was tue ich hier?, dachte sie, als sie sich dem Haus der Bentleys näherte. Auch wenn es freundlich aussah mit seinen grünen Fensterläden und den vier Schornsteinen, von denen zwei qualmten, auch wenn sie die kleinen Dacherker mochte und auch wenn Wilsons Mutter Lehrerin gewesen war und er sie sehr freundlich eingeladen hatte – jemand, der nicht wusste, dass sie nur ein Bild abholte, konnte durch ihren Besuch einen völlig falschen Eindruck bekommen.

Sie war sich ja nicht einmal selbst so sicher, dass sie wegen der Schneeflockenfotografie hier war und nicht, weil sie sich für Wilson interessierte. Dabei wollte sie diese Neugier nicht empfinden, diese Aufregung, ihn zu sehen. Sie kannte ihn doch überhaupt nicht!

Bevor sie anklopfen konnte, ging schon die Tür auf. Eine freundliche alte Frau streckte ihr die Hand hin. „Ich bin Fanny. Kommen Sie doch rein."

„Ich bin Mina", stotterte sie.

Die dicke Alte führte sie in die Wohnstube. Im Ofen knackte das Feuer, es war angenehm warm. Sie zog den Mantel aus. Schon kam Wilson auf sie zu. „Danke, dass Sie gekommen sind."

„Ich lasse euch dann mal allein", sagte die alte Frau und zog sich zurück.

Warum tat sie das? Verwirrt sah Mina ihr nach. Dachte sie etwa, es ginge um Vertraulichkeiten zwischen ihr und ihrem Sohn? „Wirklich", sagte Mina, „ich kann nicht lange bleiben. Ich werfe nur einen kurzen Blick auf die Schneekristalle, dann gehe ich wieder."

„Darf ich trotzdem Ihren Mantel aufhängen?" Er deutete schüchtern auf den Mantel, den sie sich über den Arm geworfen hatte.

Sie gab ihn her. Eine Nähmaschine von *Wood's* stand vor dem Fenster, sie wurde mit einem Fußpedal über einen Riemen angetrieben. Alles wirkte sehr sauber. Von einem Hof mit Kühen hatte sie das nicht erwartet. „Sie haben ein Klavier? Spielen Sie?" Sie trat an das Instrument heran und strich über den Deckel aus dunklem Holz.

„Ab und zu. Leider kann man es nicht raustragen."

Das Klavier nach draußen tragen? Sie runzelte die Stirn. „Wie meinen Sie das?"

„Ich spiele auch Klarinette. Dafür gehe ich am liebsten ins Freie. Ich stelle mich im Frühling auf einen Hügel und spiele. Wenn man das mit dem Klavier könnte, das wäre toll! Manchmal machen die Vögel mit, wenn ich spiele, wissen Sie? Man merkt es richtig, dass sie zur Klarinette jubilieren und zwitschern."

Wie er verschämt lachte, den Klavierdeckel öffnete und ein paar Töne anschlug – das Jungenhafte an seinem Wesen faszinierte sie. Eigentlich hatte sie Verantwortungslosigkeit bei Männern nie leiden können. Erstaunlich, dass sie ihm die kindliche Art verzieh, ja, dass er sie sogar damit anzog. Sie beneidete ihn. Er musste herrlich frei sein. Er tat einfach, wonach es ihm war, ohne sich darum zu scheren, was die anderen davon hielten. Wenn sie sich doch den drängenden Fragen genauso entziehen könnte!

Er setzte sich auf den Klavierhocker und fing an, *The Girl I Left Behind Me* zu spielen, und summte dazu. Er schien völlig zu vergessen, dass sie anwesend war.

„Wollen Sie mir nicht die Schneeflocken zeigen?", fragte sie.

„Ja, richtig." Er brach das Lied ab und stand auf. „Bitte, setzen Sie sich an den Tisch." Er zog ihr einen Stuhl zurecht. Als sie Platz genommen hatte, verließ er den Raum.

Mit einer großen Mappe unter dem Arm kam er wieder. „Eigentlich sind's keine Flocken, sondern Kristalle. Schneeflocken sind etwas anderes."

„Ach ja?"

„Bei einer Schneeflocke kleben mehrere Kristalle

zusammen. Die Bilder, die ich mache, zeigen einzelne Kristalle.“ Er legte die Mappe vor ihr auf den Tisch und schlug sie auf.

Mina starrte auf das Bild. Sie hatte Zeichnungen von Schneekristallen gesehen, aber das Bild übertraf sie an Zartheit und Schönheit um Welten. Der Schneekristall war auch weitaus komplexer. Der filigrane Stern schien aus sechs ziselierten Kronen zu bestehen, deren feine Zacken sich elegant verästelten. Er wirkte zerbrechlich, als wäre er aus dünnem Glas.

„Hab ich heute Morgen entdeckt. Gefällt Ihnen der Stern?“

„Er ist unglaublich schön“, sagte sie. Sie berührte mit den Fingerspitzen das Bild. „Haben Sie ihn durch das Mikroskop so vergrößert?“

„Kamera und Mikroskop arbeiten da zusammen. Wenn ich den Balg der Kamera weiter herausziehe, wird das Bild größer.“ Er legte das Foto um.

Die neue Seite zeigte einen Igel aus Eis, ein stacheliges Kügelchen. „Das ist was völlig anderes“, sagte sie, „oder nicht?“

„Diese Schneekügelchen fallen, wenn es warm ist. Auf den ersten Blick ähneln sie den Graupelkörnern. In Wahrheit sind sie ein Zusammenschluss von vielen

Schneesternen, aus dem einzelne Spitzen herausragen. Das gibt ihnen das stachelige Aussehen. Meist schneien sie bei böigem Wetter und einer Temperatur um null Grad."

Er blätterte weiter. Das nächste Foto zeigte ein weißes Plättchen, an dessen sechs Ecken weitere Plättchen saßen. Es war in seinem Inneren mit herrlichen symmetrischen Ornamenten bedeckt.

„Niemand könnte so malen", sagte sie ehrfürchtig.

Er blätterte wieder um.

Zwei Räder aus Eis saßen an einer Achse. „Wie eine Kutsche!", rief sie aus. „Fällt so etwas wirklich vom Himmel, einfach so?"

„Jeden Tag, wenn es schneit. Und keine zwei Kristalle sind gleich."

Er blätterte und blätterte und sie vergaß zu reden. Da waren dünne Eislamellen, sechsseitige Prismen, Plättchen mit Strahlen, verzweigte Strahlensterne ... Sie kam sich vor, als spaziere sie durch eine filigrane Zauberwelt, in der jedes Gebäude und jedes Gewächs aus zerbrechlichem Glas bestand, erschaffen von begabten Künstlern.

„Ist er beschädigt?", fragte sie, als ein Stern ein wenig verzerrt zu sein schien. Die rechte Hälfte war größer als die linke, obwohl sie nicht zu sagen gewusst hätte, wo sich der Übergang vom Unversehrten zum Schadhaften befand.

„Das ist der Unterschied zu den Zeichnungen“, erklärte er. „Anfangs, bevor ich die Fotokamera hatte, habe ich die Kristalle gezeichnet. Ich hab den Atem angehalten beim Blick durchs Mikroskop und versucht, die geometrische Form aufs Papier zu bringen. Wenn ich nicht mehr konnte, habe ich mich abgewendet und ein paarmal heftig ein- und ausgeatmet, und dann hab ich wieder die Luft angehalten und weitergezeichnet. Die Atemluft hätte die Kristalle sonst geschmolzen. Aber sie sublimieren auch so, sie verdunsten, ohne je aufgetaut zu sein. Meist hatte ich nicht mal fünf Minuten, um ein Wunderwerk zu zeichnen, für das fünfzig Minuten nicht reichen würden. So ging es jedem bisher. Man hat aus dem Gedächtnis ergänzt, was man meinte, gesehen zu haben. Heraus kamen perfekte Symmetrien. Aber die Wahrheit sieht anders aus.“

„Ungefähr so?“ Sie zeigte auf das Foto.

„Genau. Das sind die echten Kristalle, keine idealisierten Figuren. Sie besitzen die Schönheit unvollkommener Symmetrie, man findet Unregelmäßigkeiten, die vom weiten Weg auf die Erde erzählen. Da passiert eine Menge! Schneekristalle stoßen aneinander und verformen sich gegenseitig. Oder es weht ein Wind, und auf der Seite, die ihm ausgesetzt ist, entstehen Unregelmäßigkeiten in der Ausbildung des Kristalls. Gerade in den oberen Luftschichten ist die Luft stark bewegt, selbst wenn wir hier am Boden Windstille haben. Es ist stürmisch in den Regionen, wo sich die Schneekristalle bilden."

„Aber all die anderen Fotos sahen so perfekt aus!"

„Das sind seltene Funde. Die kommen nur bei windstillem Wetter vor. An Tagen wie heute sind sie besonders makellos. Oder wenn ein tiefliegender Dunst Schnee ausscheidet. Dann haben die Kristalle keinen weiten Weg zurückzulegen und werden auf der Reise wenig verändert."

Er beugte sich über den Tisch und blätterte erneut um. Vorsichtig nahm sie einen Atemzug. Wilson stank nicht nach Kuhstall. Er roch gut. „Wie konnten Sie das alles herausfinden?", fragte sie. „Sie haben nie die Universität besucht."

Er richtete sich auf. Sein Gesicht leuchtete. „Meinen Sie, es ist was dran? Sind die Bilder zu etwas zu gebrauchen?"

Mit dem in Papier gewickelten Bild unterm Arm stapfte sie durch den Schnee nach Hause. Ihre Atemluft formte kleine Wolken vor dem Mund, und unter den Stiefeln knirschte es bei jedem Schritt.

Warum habe ich Angst vor ihm?, fragte sich Mina. Ich muss ihn doch nie wiedersehen! Aber so war es immer gewesen. Sobald ihr jemand gefiel, begann sie, ihn zu fürchten. Er konnte ihr wehtun. Dass sie sich von ihm angezogen fühlte, gab ihm Macht über sie.

Wilson Bentley hatte sie sprachlos gemacht. Wie konnte es sein, dass jemand in Jericho eine solche bahnbrechende Entdeckung machte? Er war ein Genie. Er sah Schönheit, wo jeder achtlos an ihr vorüberging.

Der Mond leuchtete über den schroffen Hängen des Mount Mansfield. Könnte ich hier leben?, fragte sie sich. Die Winter waren lang und es war eine Gegend mit störrischen Bewohnern. Hör auf zu träumen!, ermahnte sie sich. Sie musste ja heimkehren, wahrscheinlich sogar mitten während der Schulzeit. Eine Katastrophe für die Kinder. Die Schule würde für Wochen ausfallen, bis man eine neue Lehrerin gefunden hatte.

Sie stampfte an der Tür den Schnee von den Stiefeln und trat ein.

Mutter Nashs Blick fiel sofort auf das Bündel unter ihrem Arm. „Sie waren bei Wilson, hm? Hat er Ihnen ein Bild aufgeschwatzt?"

„Ich muss noch den Unterricht für morgen vorbereiten. Gehe besser rauf. Gute Nacht, Ma'am." Sie war froh, ihr den Rücken zukehren zu können, sonst hätte Mutter Nash die Zornesröte in ihrem Gesicht gesehen. Warum redeten alle so abfällig von ihm? Sie verstanden ihn nicht, und das war offenbar Grund genug für sie, ihn zu verachten.

Oben im Zimmer legte sie das Päckchen ab und zog den Mantel aus. Sie hängte ihn an den Haken und setzte sich aufs Bett. Vorsichtig wickelte sie das Bild aus. Der wunderschöne Stern. Wilson hatte nicht einen Moment gezögert, ihn ihr zu schenken.

Wie konnte sie das Bild vor den Kindern schützen, wenn sie es morgen mit in die Schule nahm? Am liebsten würde sie es hierbehalten. Aber auch die Kinder sollten darüber staunen dürfen, welche Schönheit Gott in die kleinen Dinge hineinlegte, selbst dort, wo das menschliche Auge sie kaum wahrzunehmen vermochte.

Sie sah in den Spiegel und lächelte sich an. Es war ein ängstliches Lächeln. Das Glück, das sie empfand, war durchtränkt von einer schmerzlichen Vorahnung.

*

Am Freitag, wenn die Woche ihre Kräfte bereits aufgezehrt hatte, empfand Mina die Schulstunden immer als besonders anstrengend. Als sie nach der letzten Stunde vor das Schulhaus trat, hatte sie Kopfweh und das dringende Bedürfnis, sich in einen Sessel zu setzen und für eine halbe Stunde die Augen zu schließen.

Aber das Bild des Schneekristalls war ein Triumph gewesen. Die Kinder hatten es mit offenen Mündern angestarrt. Sie hatte sich Zeit genommen, war mit dem Bild von Bank zu Bank gegangen, und jedes Kind hatte es von Nahem betrachten dürfen. Danach waren

Dutzende Fragen gekommen, und sie hatte nicht einmal die Hälfte davon beantworten können. Warum ist Schnee weiß? Gehen die Kristalle kaputt, wenn ich einen Schneeball mache? Kann sich ein kleines Tier an den Spitzen vom Kristall verletzen? Wie entsteht der Schnee? Warum zerbricht der Kristall nicht, wenn er vom Himmel fällt? Sind Hagelkörner auch Schnee?

Die Sonne schien ihr mit neuer, frühlingshafter Kraft auf das Gesicht. Die Eiszapfen am Schuldach tropften. Unter befreitem Johlen tobten die Kinder hinaus. Sie hatten lange stillsitzen müssen, die angestaute Ungeduld bahnte sich einen Weg. Die Kinder sprangen in die Schneematschpfützen hinein, dass es nur so spritzte. Mina presste das Foto des Schneesterns an ihre Brust, damit es keinen Schaden nahm, und ermahnte sie zur Mäßigung.

Ein Mädchen weinte: Sein Kleid war mit schmutzigem Schnee und Wasser besprengt. Mina wollte gerade die wild gewordenen Jungs zu einer Strafpredigt herbeizitieren, als sie etwas Hartes am Hinterkopf traf.

Für einen Augenblick wusste sie nicht, wo sie war. Sie taumelte. Unvermittelt wurde es still vor dem Schulhaus. Warum starrten die Kinder sie so an? Kalter feuchter Schnee rutschte ihr den Hals hinunter.

Mina fasste sich in die Haare. Sie waren nass und ein Schneebatzen klebte darin. Ihr Kopf dröhnte.

Ein Kind bückte sich und hob das Schneesternfoto auf. Es triefte von schmutzigem Pfützenwasser.

Sie drehte sich um. „Wer von euch war das?"

Ihr Blick traf auf blasse, entsetzte Gesichter.

„Ich frage noch einmal: Wer war das?"

Niemand meldete sich. Die Kinder starrten sie fassungslos an.

Wenn sie ihnen das durchgehen ließ, war ihre Autorität dahin. Eine Frechheit, der Lehrerin einen Schneeball an den Kopf zu werfen! Sie hätte das Foto niemals mit in die Schule nehmen sollen. „So, jetzt gehen alle wieder rein."

„Ich muss zum Mittagessen zu Hause sein, Miss Seeley", sagte eines von den besonders braven Mädchen.

Die Kleine mit dem fleckigen Kleid fragte: „Muss ich auch mit rein?"

„Alle", sagte sie streng. „Keine Ausnahmen."

Sie wartete an der Tür, während ein Kind nach dem anderen wieder in den Schulraum trat. Ergeben setzten sie sich auf ihre Bänke. Mina schloss hinter sich die Tür. Sie ging nach vorn zum Lehrerpult. „Ich bin seit

November bei euch und ich habe nie einen von euch geschlagen. Ihr wisst, andere Lehrer lassen die Kinder zur Strafe auf harten, ungekochten Erbsen knien, oder sie schlagen sie mit einem Stock auf die Innenseite der Hand."

Die ersten von den Kleinen begannen zu schluchzen.

„Ich habe euch geduldig die Rechenaufgaben erklärt und Lesen und Schreiben mit euch geübt. Gibt es einen Grund dafür, dass mir jemand einen Schneeball an den Kopf wirft?" Sie fasste sich ins nasse Haar. Die Haube war ebenfalls durchnässt. Sie öffnete die Schleife und zog sie herunter. Schwer fiel ihr das Haar den Rücken hinab, und einige letzte Brocken Schnee klatschten zu Boden.

Selbst die Größeren schluckten.

„Ich möchte, dass der Schuldige aufsteht und sich zu seiner Tat bekennt."

Niemand regte sich.

„Wir werden so lange hierbleiben, bis derjenige –" Sie stockte.

Arthur war aufgestanden. Der kleine, fleißige Arthur, der sich nie etwas zuschulden kommen ließ. Er war grün im Gesicht vor Furcht. Er krächzte so leise, dass es kaum zu verstehen war: „Miss Seeley, ich habe den Schneeball geworfen." Seine Hände bebten. „Ich wollte Joe treffen. Er hat mir mein Taschenmesser weggenommen." Arthur sah zu Boden. „Es tut mir leid, Miss Seeley."

Wie er vor Angst schlotterte! Am liebsten hätte sie ihn in den Arm genommen und ihm gesagt, dass alles halb so schlimm war. Aber sie befahl streng: „Ihr könnte gehen. Arthur bleibt hier."

Die Kinder warfen ihm mitleidige Blicke zu. Sie gingen nach draußen. Ellen war die Letzte. Sie machte leise die Tür zu, als dürfe man die Lehrerin nicht durch ein Geräusch noch mehr erzürnen.

Mina trat auf Arthur zu. Er wagte immer noch nicht aufzublicken. So wie er zitterte, befürchtete er offenbar, sein letztes Stündlein habe geschlagen. Sie legte ihm die Hand an die Wange. „Mir ist nichts passiert. Schade ist es um das schöne Schneefoto, das ist hin. Wir können's nicht ändern."

Er sah hoch. Sein Blick flatterte. „Ich wollte Sie wirklich nicht treffen, Miss Seeley."

„Ich weiß."

„Es tut mir so leid, dass ich … ich …" Er schluchzte.

Sie konnte nicht anders, sie umarmte ihn. „Ist schon

gut." Eine Weile hielt sie ihn, dann sagte sie: „Und jetzt ab nach Hause mit dir. Du weißt genau, dass ihr keine Taschenmesser zur Schule mitbringen dürft, oder? Lass es morgen zu Hause."

„Ganz bestimmt, Miss Seeley." Erleichtert nahm er seinen Beutel und machte sich daran, das Klassenzimmer zu verlassen. An der Tür sah er sich noch einmal um, als sei er unsicher, ob er wirklich gehen dürfe.

Sie nickte ihm freundlich zu.

*

Durch das Stallfenster fiel warmes Abendlicht. Wilson war bereits eine Stunde mit Melken beschäftigt, und er würde eine weitere Stunde brauchen, bis er die letzte Kuh gemolken hatte. Aber heute ging ihm alles leicht von der Hand. Er pfiff *Gov King's March,* nahm den Schemel und brachte ihn zur nächsten Milchkuh. Selbst die Tiere schienen sich von seiner guten Laune anstecken zu lassen. Emily, die immer etwas schreckhaft war und häufig nach dem Schemel austrat, stand heute seelenruhig und ließ ihn gewähren.

„Mister Bentley?"

Er drehte sich zum Stalltor um.

Mina stand dort, Mina, die für seine Fröhlichkeit verantwortlich war, und sah sich schüchtern um. Sie war zu ihm gekommen, einfach so? „Kommen Sie rein", sagte er. „Nur keine Scheu! Können Sie melken?"

Sie lachte leise. „Ich habe noch nicht mal eine Kuh gestreichelt."

„Wollen Sie's versuchen?" Er stand vom Schemel auf. „Emily ist vielleicht nicht die Beste für den Einstieg, aber Lucy ist noch nicht gemolken, bei ihr können Sie nichts falsch machen."

„Wirklich, ich bin völlig unerfahren mit Tieren."

„Kommen Sie! So etwas können Sie in New York nicht lernen."

Ein wissendes Lächeln flog über ihr Gesicht.

Er biss sich auf die Zunge. Dass sie aus New York kam, hatte sie ihm nicht erzählt. Er hätte ihr nicht unbedingt auf die Nase binden müssen, dass er sich nach ihr erkundigt hatte.

„Also gut." Sie maß Lucys wuchtigen Leib mit respektvollen Blicken. „Ich probier's."

„Hier, setzen Sie sich auf den Schemel." Er rückte ihn ihr zurecht. „Und jetzt wischen Sie mit der Hand die Seite der Kuh und den Euter ab, damit keine Haare und kein Staub in die Milch fallen."

Unendlich sanft streichelte sie Lucys Seite.

„So zärtlich müssen Sie nicht sein." Er lachte. „Am Ende schlägt sie noch mit dem Schwanz nach Ihrer Hand, weil sie meint, eine Fliege krabbelt ihr über den Bauch!" Er sah zu, wie Mina das Kuhfell abklopfte. „Schon besser. Und jetzt den Euter."

Sie näherte sich dem Euter mit der Hand, schreckte aber davor zurück, ihn zu berühren.

Er kauerte sich hin und tätschelte den Euter. „Sehen Sie? Nichts passiert. Haben Sie kalte Hände?"

Sie hielt ihm die Hand hin und er fasste danach. So weich war ihre Haut! Er schluckte. „Geben Sie mir auch die andere." Er rieb ihre Hände zwischen seinen, bis sie warm genug waren, und führte sie zum Euter.

Gehorsam strich Mina darüber.

„Jetzt nehmen Sie den Eimer zwischen die Knie. Stellen Sie ihn nicht auf den Boden, stellen Sie ihn auf Ihre Fußgelenke. Ja, genau so."

„Damit es nicht spritzt?", fragte sie.

„Damit Lucy Ihnen den Eimer nicht umstoßen kann, falls sie plötzlich einen Schritt macht."

Erschrocken sah Mina auf, und in diesem Moment wendete Lucy den Kopf zur Seite, um mit einem Auge zu begutachten, wer sich da so unbeholfen an ihr zu schaffen machte. „Sie guckt schon böse."

„Ach was. Sie ist nur neugierig. Jetzt umfassen Sie mit der rechten Hand eine Zitze und mit der linken eine andere. Immer über Kreuz, die vordere rechte und die hintere linke und nachher umgekehrt. Schließen Sie die Finger oben am Euter zusammen und einen nach dem anderen die unteren Finger. Halt! Immer nur eine Zitze, nicht beide gleichzeitig. Fangen Sie vorne an. Genau, richtig! Wunderbar machen Sie das! Pressen Sie die Milch aus der Zitze. Sehr gut!"

Die Milch spritzte in den Eimer und Mina lachte. „So ein dünner Strahl? Das wird ewig dauern, bis der Euter leergemolken ist."

„Sie sind die geborene Melkerin! Machen Sie weiter so."

Lucy muhte.

„Sehen Sie, der Kuh gefällt's auch. Ja, weiter so. Wichtig ist, dass Sie nicht zu früh aufhören. Sonst sinkt die Milchproduktion der Kuh."

„Ich kann nicht mehr. Würden Sie übernehmen?"

„Nein-nein-nein, geben Sie nicht auf!"

Aber sie war schon aufgestanden und hielt ihm den Eimer hin.

Er seufzte, nahm den Eimer und setzte sich. Etwas zügiger, als er es für gewöhnlich tat, molk er Lucys Euter leer.

„Beeindruckend, wie Sie das machen." Mina schürzte die Unterlippe. „Hat sie ein Kalb?"

„Sonst würde sie ja keine Milch geben."

„Und wo ist das Kälbchen jetzt?"

„Verkauft."

„Ist sie nicht traurig deswegen?"

Er sah hoch. Es gefiel ihm, dass Sie solches Mitgefühl hatte. Ihr Gesicht im orangeroten Abendlicht, ihre Augen! Sein Herz stolperte, weil sie fragend zurückblickte.

Sie sagte: „Ich muss Ihnen etwas beichten. Etwas Furchtbares. Ihr Kristallbild ist in eine Pfütze gefallen. Die Kinder haben mir Schnee an den Kopf geworfen, und mir war für einen Moment schwarz vor Augen, und da ist es passiert. Dabei hab ich den Stern so liebgewonnen. Es tut mir wirklich sehr leid."

„Sie bekommen ein Neues."

„Sind Sie gar nicht böse?"

Er drückte den Euter zusammen, nach unten hin, bis er die Zitzen wieder greifen konnte, um den Rest herauszumelken. „Wissen Sie, alle Schönheit auf dieser Welt ist vergänglich. Die Schneekristalle zeigen mir das jeden Tag. Sie sind so zauberhaft, aber ich kann sie nicht einsammeln und in einer Schachtel aufbewahren. Ich muss sie loslassen und zusehen, wie sie verdampfen. Ich werde Ihnen einen neuen Abzug machen."

„Danke, das ist sehr freundlich von Ihnen."

„Diesen Makel der Endlichkeit haben wir immer an uns, und auch die Dinge, mit denen wir so umgehen. Verrückt, oder? Nur Gott steht darüber. Wahrscheinlich schmunzelt er über das, was wir Stunden und Tage und Jahre nennen."

„Sie glauben an Gott? Mrs Nash hat gesagt, Sie gehen nicht zur Kirche."

Er frohlockte innerlich. Auch Mina hatte sich nach ihm erkundigt.

*

Mutter, Charles und Mary waren mit dem kleinen Alric in der Kirche, Vater schlief oben in seinem Zimmer. Das stille sonntägliche Haus machte Wilson glücklich. Er presste vier Glasnegative gegen Fotopapier, schloss den Rahmen und trat nach draußen vor das Haus. Dort lehnte er den Rahmen zur Belichtung an einen Baumstamm.

Die Wintersonne schien kräftig, bald würden sich die ersten Knospen öffnen. Wenn es Frühling wurde, war das Ende der Schulmonate nicht mehr weit. Mina würde, zumindest über den Sommer, zurück nach New York gehen. Kehrte sie nächsten Winter wieder? Oder kam an ihrer Stelle eine andere Lehrerin? Selten blieben die Lehrer mehr als ein, zwei Jahre in Jericho.

Jedes Mal, wenn er ihr begegnete, wurde ihm warm vor Aufregung und Freude. Sie war so unbeschwert und klug, und ihre Augen strahlten eine frische Lebendigkeit aus, die er noch bei keiner anderen gesehen hatte.

Ich muss sie fragen, ob sie meine Frau wird, dachte er. Wenn ich sie nicht frage, bereue ich es mein Leben lang.

Aber was, wenn sie Nein sagte? Sie kannten sich kaum. Und sie war aus New York! Die Stadt zu verlassen und dauerhaft nach Jericho zu ziehen, das würde sie sich gut überlegen. Sie hatten nicht mal Gaslicht, bloß Kerosinlampen! In New York dagegen gab es einen Hafen und Telefone. Sie konnten bis nach Philadelphia sprechen, als stünden sie nebeneinander, ganz abgesehen von den telegraphischen Verbindungen in alle Welt. Mutter war schon stolz, dass sie eine Spüle mit Pumpe hatten. In New York lachte man sicher darüber.

Wenigstens besaßen sie die Haltestelle der Burlington & Lamoille Eisenbahngesellschaft und konnten nach Essex Junction und Cambridge fahren. Es gab ein Postamt, einen Arzt und einen Anwalt, einen Schuhmacher und einen Stellmacher. Jericho war kein Dorf.

Vor zehn Jahren waren sie tausendsiebenhundert Einwohner gewesen. Jetzt lebten nur noch tausenddreihundert in Jericho. Jeder Vierte war fortgegangen, die meisten in Städte wie Burlington oder Winooski. Etliche Höfe in den Hügeln lagen verlassen da. Wenn sie als New Yorkerin hierherzog, wäre das sicher Stadtgespräch.

Womöglich hatte sie auch Vorbehalte, weil er nicht mehr in die Kirche ging. Wie sollte er ihr erklären, dass er die Rechthaberei nicht mehr ertragen hatte? Sie versuchten, den Allmächtigen zu beeindrucken, indem sie sich den Normen der Kirchengemeinde entsprechend verhielten. Als könnte man dem großen Künstler mit dem Krakelbild eines Kleinkinds imponieren.

Im Sommer hörte er manchmal den Gesang herüberwehen. Er summte dann die eine oder andere Melodie mit. Die Kirchenlieder hatte er immer gern gemocht.

Er stand auf und brachte den Rahmen ins Haus. In der Dunkelkammer löste er die Papiere heraus und ließ das erste in die Schale mit der Entwicklerlösung gleiten. Nach einer Weile drehte er es mit der Zange um. Durch Anstoßen der Schale erzeugte er kleine Wellen in der Flüssigkeit. Anschließend legte er das Papier in das Stoppbad und das Fixierbad. Zum Schluss wässerte er es. Er fischte es heraus, tupfte mit einem feinen Tuch darüber und lehnte es an die Wand, um es vollends trocknen zu lassen. Auch die drei anderen Bilder entwickelte er.

Sollte er Mina den neuen Abzug des Sterns geben? Oder eines von den anderen? Am besten brachte er ihr alle vier Bilder und ließ sie selbst entscheiden.

In der Kammer roch es stechend nach Essigsäure und Chemikalien. Er wartete trotzdem, bis die Bilder getrocknet waren. Sorgfältig legte er sie in eine Mappe und verließ die Dunkelkammer. Ich tu's, dachte er. Ich frage sie. Am besten ging er zu Nashs hinunter, bevor Charles und die anderen heimkamen und ihn fragten, wohin er wollte.

Er schloss die Haustür, schob sich die Mappe unter den Mantel und drückte sanft von außen mit dem Arm dagegen, damit sie nicht verrutschte. Der Schneematsch auf der schmalen Straße war wieder gefroren, er bildete glatte Kuppen, auf denen die Schuhe wegrutschten. Fußabdrücke waren im Eis verewigt.

Charles und die anderen kamen ihm bereits entgegen. Mist. Er war zu spät losgegangen.

„Es gibt gleich Essen“, sagte Mutter, „wo willst du hin?“

„Nur kurz was erledigen. Fangt schon ohne mich an.“

Er erntete einen finsteren Blick von Charles. Mary dagegen schmunzelte und zwinkerte ihm zu.

War er rot geworden? Er schlitterte weiter. Bei Nashs bog er um die Hausecke und klopfte an die Tür.

Mutter Nash öffnete. „Wilson, wir haben dich in der Kirche vermisst. Du warst so lange nicht mehr da. Hat dich jemand verärgert?“

„Ach was“, sagte er. „Ist Miss Seeley zu sprechen?“

„Sie ist spazieren gegangen.“

„Den Mill Brook entlang? Oder nach Underhill raus?“

„Sie hat gestern schon wieder einen Brief aus New

York bekommen. Die ganze Nacht brannte Licht in ihrem Zimmer. Ich glaube, sie braucht etwas Ruhe. Sie sieht ganz blass und übernächtigt aus."

Angst kroch in ihm hoch. Er biss sich auf die Lippe. „Wo ist sie langgegangen?"

„Nach Underhill, glaube ich."

Er zog die Bilder unter dem Mantel hervor. „Würdest du das für mich aufbewahren?"

Mutter Nash nahm die Mappe entgegen. „Meinst du wirklich, es ist eine gute Idee, ihr nachzulaufen? Vielleicht will sie allein sein."

„Das sagt sie mir hoffentlich."

„Also gut, dann bring sie nach Hause, Wilson. Ich setze schon mal Teewasser auf. Vielleicht will sie dir ja was von ihrem Leid erzählen. Sie muss sich doch jemandem anvertrauen, das arme Ding."

Schon bevor er in Rufweite kam, drehte Mina sich um. Vielleicht hatte sie den Blauhäher gehört, der schimpfend aufgeflogen war. Wilson ging etwas schneller, weil es ihm unangenehm war, dass sie auf ihn warten musste.

Als er sie erreichte, sagte er: „Er passt wunderbar in die Winterlandschaft, finden Sie nicht? Das weiße Bauchgefieder und der hellblaue Rücken … Ich mochte diese Vögel schon immer." Mutter Nash hatte maßlos übertrieben. Weder war Mina blass, noch hatte sie Tränen in den Augen. Sie lächelte sogar und die kalte Luft hatte ihre Wangen rot gefärbt. Er fragte: „Wie hat Ihnen der Gottesdienst gefallen?"

„Ich habe jedenfalls keinen Grund entdeckt, ihn zu schwänzen wie Sie." Wie selbstverständlich hakte sie sich bei ihm unter. Sie spazierten Seite an Seite weiter.

Er bekam kaum noch Luft vor Freude. Aus Sorge,

dass sie ihre Hand wieder wegzog, weil ihr die Stille unangenehm wurde, sagte er: „Ich glaube, mich stört, dass ich eine andere Vorstellung von Gott habe. Ich sehe ihn mehr als Künstler. Was er sich alles ausgedacht hat! Den herrlichen Blauhäher. Die Bäume. Pilze mit dicken Hüten, Wolken, Wind, Sterne … Viele sehen in ihm eine Art Sheriff, der sie überwacht. Aber ich bin sicher, er ist anders. Wenn ich in Jericho dem Sheriff begegne, frage ich mich immer: Hab ich was falsch gemacht?"

„Wieso das?" Sie lachte.

„Er hat mich ein paarmal zusammengestaucht, als ich noch ein Junge war. Hätte ich bei Gott ständig diesen Gedanken, dass er mir auf die Finger klopfen will, würde ich mich von ihm fernhalten. Wer will mit einem Wesen befreundet sein, das ihm das Gefühl gibt, ein Verbrecher zu sein, weil es selbst so fehlerlos ist?"

„Aber so ist es nun mal. Gott ist makellos, und wir haben unsere egoistischen Gedanken, unseren Neid und unseren Geltungsdrang."

„Wollen Sie jemanden zum Freund haben, der Sie ständig überwacht und auf Fehler lauert? Ich nicht. Diesen Sheriff-Gott predigen sie aber in der Kirche. Was habe ich ihn gefürchtet! Ab und zu bin ich auf

Knien hingekrochen, habe ihn um Verzeihung gebeten und bin wieder weggekrochen. Ich hab angefangen, Sünden abzuwägen: Wenigstens habe ich nicht dies und das getan. Wenigstens bin ich nicht wie der-und-der. Es ging nur noch um die Verwaltung meiner Schuld. Gott als Moralprüfer ist wie ein tyrannischer Lehrer. Jedes Gebet war für mich, als müsste ich in der Schule mit einer Rechenaufgabe an die Tafel."

Sie schnaubte. „Das hat Ihnen sicher nicht geschadet, dass Sie mal nach vorn kommen mussten. Irgendwo muss die Motivation ja herkommen."

„Natürlich. Ich glaube nur, dass Gott anders ist. Er ist verspielter. Er kann lachen. Schauen Sie sich das Gnu an! Wer dieses Tier erfunden hat, muss Humor haben. Oder das Känguru, das in der Bauchtasche sein Jungtier herumträgt. An den Gott glaube ich, der sich solche Tiere ausgedacht hat."

„Machen Sie sich's da nicht ein wenig leicht? Gott ist kein netter Nachbar, der zufällig Talent hat, Bilder zu malen."

„Schon klar." Wie konnte er ihr erklären, was er meinte? „Sie haben recht, Gott ist gefährlich. Aber die Blume, die sich der Sonne entgegenreckt, fürchtet sich auch nicht vor ihrer Kraft. Die Sonne könnte sie verbrennen. Sie ist gefährlich für die Blume. Und trotzdem braucht die Blume sie, um zu leben und zu blühen."

Ein Eichhörnchen huschte über den schneebedeckten Weg und kletterte mit kratzenden Krallen den Stamm einer Weymouth-Kiefer hinauf.

Mina schüttelte den Kopf. „Tut mir leid, ich kann Ihnen nicht zustimmen. Es ist nun mal so, dass Gott keinen Makel hat. Wenn wir uns deshalb schmutzig fühlen, ist das unsere Sache."

„Gott ist heilig. Gar keine Frage. So schön und gesund ist er, dass man vor diesem hell strahlenden Licht unsere Gier und unser Kreisen um uns selbst besonders deutlich sieht. Aber Sie vergessen eins: Er ist zu uns gekommen. Jesus hat sich mit Dirnen, Versagern und Betrügern abgegeben, er hat sie geliebt und liebt sie immer noch. Jesus ist zu den Kranken gekommen, nicht zu den Gesunden, das hat er genau so gesagt. Das heißt, er liebt mich, wie ich bin, nicht so, wie ich sein müsste. Gott liebt keinen Ideal-Wilson, sondern mich. Er ist jetzt schon bei mir, er wandert mit mir durch diese zerbrechliche Welt und tut es gerne. Er liebt die Welt. Nicht eine Idealwelt, sondern die wirkliche Welt. Das höre ich zu selten in der Kirche, verstehen Sie?"

„Weil man Angst hat, dass Sie sonst fröhlich die Achseln zucken und sagen: Ich brauche mich nicht zu verändern! Ich kann der Säufer bleiben, der ich bin, der Menschenverächter, der Betrüger. Gott liebt mich ja!“

Herrlich, wie sie sich ereiferte. Am liebsten würde er diesen wilden Mund küssen. „Natürlich verändert uns die Wanderschaft mit Gott. Aber er liebt uns auf dem ganzen Weg, nicht erst am Ende. Der Schöpfer findet Sie schön. Er will Sie segnen und Ihnen Gutes tun.“

Seit langem hatte er mit niemandem mehr über Gott gesprochen. In Jericho sah man ihn auch so schon als Ketzer, die Zweifel behielt er deshalb lieber für sich. Oh, es tat ihm gut, alles auszusprechen! Er fühlte sich, als bekäme er auf eine befreiende Art Luft, als könne er nach einem langen Tauchgang endlich atmen.

„Es ist mir ein wenig peinlich, aber ich will Ihnen etwas verraten“, sagte er. „Manchmal stelle ich mir Gott wie einen Mann vor, der auf dem Boden sitzt und vor Glück weint. Vor ihm wächst eine winzige Blume im Gras. Er hebt zärtlich ihren Blütenkopf an und weint, weil er sich über diese Blume freut.“

„Ein schönes Bild.“

„Und dann denke ich mir, dass er sich auflöst und zu einem Wind wird. Der Wind flüstert über die Wiese, er streift die Blume und die anderen Halme. Immer wilder saust er über die Ebene. Ich weiß, das klingt merkwürdig." Was, wenn sie ihn obskur fand? Wenn er sie abstieß mit seinen seltsamen Gedanken? „Aber das ist meine Vorstellung von Gott. Er ist wie Musik, denke ich. Musik hat Ordnung und ist zugleich wild und spielerisch. Und sie atmet Schönheit. Warum hat Gott uns geschaffen? Damit wir mit ihm reden und spielen, damit wir uns der Ordnung und der wilden schönen Musik hingeben und mit ihm das Gute des Lebens genießen."

„Sie meinen, Sie haben Gott verstanden?"

„Auf keinen Fall. Ich habe eine Facette von ihm gesehen. Er ist so groß, es gibt viel mehr!"

„Könnte es nicht sein, dass die Leute in der Kirche, die Sie abstoßend finden, einfach nur eine andere Facette Gottes sehen als Sie? Seine Heiligkeit und Würde und wie wir uns mit unserer Rebellion von ihm abwenden. Das ist doch auch eine Wahrheit."

„Ich bin mir sicher, Gott liebt die Leute in der Kirche genauso wie mich. Ich laufe wie sie in die Irre. Aber manchmal begegne ich Gott, hier in der Natur, und das macht mich glücklich. Ich suche und finde ihn und verirre mich neu."

„Gott ist doch aber im Himmel. Sind Sie etwa Pantheist? Denken Sie, Gott wohnt im Grashalm?"

„Nein. Das glaube ich nicht. Gott ist in den Himmeln und unsere Heimat ist auch dort. Dass ich nicht bei ihm sein kann, bricht mir das Herz. Es ist gut, wenn einem das Herz gebrochen wird."

„Ja", sagte sie leise.

„Ich habe als Kind ‚Moby Dick' gelesen", sagte er. „Ich wäre nie auf die Idee gekommen, dass Herman Melville diese Geschichte erfunden haben könnte. Ich bin davon ausgegangen, dass solche Geschichten einfach da sind, sie werden überall erzählt, und Melville hat sie aufgeschrieben. Dass man Geschichten erfinden kann, war mir unvorstellbar. Mit der Welt ist es genauso. Wir finden's schön, dass sie da ist. Aber dass jemand sie geschaffen haben könnte und sie für uns als Nest ausgepolstert hat, ist uns eine fremdartige Vorstellung. Denken Sie mal: Diesen Blauhäher hat Gottes Finger bemalt! Und er wünscht sich meine Freundschaft."

„Darf ich Sie was anderes fragen?"

Er redete und redete, und sie wollte gar nicht wissen,

was er über Gott dachte! Die Aufregung machte ihn zum Plappermaul. „Bitte entschuldigen Sie."

„Nein, ich finde Ihre Gedanken aufschlussreich." Sie drückte sanft seinen Arm.

„Was wollten Sie wissen?"

„Mich interessiert, wie es mit Ihrer Schneeflockenforschung weitergeht. Werden Sie die Bilder an Galerien schicken?"

„Um Geld zu verdienen, meinen Sie?" An Galerien hatte er noch nie gedacht. Er war einfach geschäftsuntüchtig. Er hoffte auf die Antwort der *New York Times*, und weiter wagte er nicht zu denken. „Ich weiß nicht. Noch sind es zu wenige. Ich hab eine ganze Weile gebraucht, bis ich herausgefunden hatte, wie ich auf die Kristalle scharfstellen kann. Das Problem ist das Licht. Bei zu viel Licht werden die Bilder unscharfer Matsch. Nur wenn die Metallscheibe über dem Spiegel des Mikroskops gerade Licht durch ein Loch von anderthalb Millimetern hindurchlässt, habe ich die richtige Tiefenschärfe."

„Das heißt, Sie wollen erst einmal Milchbauer bleiben?" In ihrer Stimme schwang eine leise Missbilligung mit.

Die Frage ließ ihn aufhorchen. Fand sie die Arbeit

als Bauer verachtenswert? Er hatte sich nie besonders damit identifiziert, das Pflügen und Heumachen und das Versorgen der Kühe war ihm als unliebsame Notwendigkeit erschienen. Aber jetzt, wo sie seinen Alltag angriff, ärgerte ihn das. „Es ist ein ehrbarer Beruf", sagte er. „Im ganzen Land wollen sich die Leute Butter aufs Brot streichen. Jemand muss die Kühe füttern und melken."

„Selbstverständlich."

Von einem hohen Tannenast löste sich Schnee und fiel herab. Er zog einen weißen Schleier hinter sich her.

„Welche Wahlmöglichkeiten man hat, hängt sehr davon ab, wo man geboren wird", sagte er. „Mein Vater hat den Hof, und seit er nicht mehr arbeiten kann, müssen mein Bruder und ich ran. Das lässt sich auch nicht lösen, indem man andere anstellt. Einen Mann anzustellen, kostet vierundzwanzig Dollar im Monat, das rechnet sich nicht mit dem aktuellen Preis für das Pfund Butter. Und das Heu verkaufen wir an die Bauern im Tal für, wenn es hoch kommt, sieben Dollar je Tonne. Glauben Sie mir, wenn ich könnte, hätte ich längst die Arbeit hingeschmissen und mich nur noch den Schneekristallen gewidmet. Aber ich kann meine alten Eltern nicht im Stich lassen."

Mina schwieg. Schließlich sagte sie: „Mir wird kalt. Drehen wir um."

Auf dem Weg zurück erzählte er, dass sein Bruder Mary geheiratet hatte, als sie zwölf war, und dass sie kurz nach ihrem sechzehnten Geburtstag Alric zur Welt gebracht hatte. Diese Fixierung der Männer auf bedeutend jüngere Frauen habe er nie verstanden.

Aber er hatte den Eindruck, dass es zu Mina nicht mehr durchdrang. Ab und zu nickte sie und sagte: „Tatsächlich?" Es klang abwesend, als käme es von weit her.

*

Am Montag, als sie von der Schule heimkehrte, wartete Mutter Nash in der Küche auf sie. „Wenn du reden möchtest – "

„Was ist passiert?", fragte Mina.

Mutter Nash senkte den Blick. Sie sagte leise: „Auf dem Bett."

Die Treppe nach oben schien endlos zu sein, ihre Stufen kosteten Mina mehr Kraft als zehn Schultage. Zitternd öffnete sie die Tür zu ihrem Zimmer. Auf dem Bett lag eine Postkarte, die Bildseite nach oben gedreht, als wollte Mutter Nash damit vorgeben, sie habe sie nicht gelesen.

Mina setzte sich aufs Bett. Sie fasste zögerlich nach der Karte, wagte aber nicht, sie aufzunehmen. Das Bild zeigte den Broadway mit dem imposanten Western Union Building. Es gehörte in eine fremde, weit entfernte Welt. Das Gebäude war über siebzig Meter hoch, die Seeleute im Hafen von New York und auf den Flüssen beidseits von Manhattan nutzten es zur Orientierung. Passagieraufzüge brachten die Menschen in die oberen Stockwerke, wo einhundert Männer an Telegrafen saßen und Nachrichten in alle Welt verschickten. Sie war selbst schon darin gewesen, aber es kam ihr vor, als wäre das nicht sie gewesen, sondern eine Fremde, die sie nur flüchtig kannte. Sie war jetzt hier in Jericho, mit Leib und Seele, und New York war ein ferner Ort, der für sie an Bedeutung verloren hatte, eine Gegenwelt, ein anderer Planet.

Sie nahm allen Mut zusammen, drehte die Karte um und las.

Komm nach Hause. Es ist dringend.
Sam

Wie lange sie reglos auf dem Bett saß, wusste sie nicht. Ihre Glieder waren aus Stein, ihr Atem flach und kümmerlich. Der Versuch, sich hier in den Bergen der Verantwortung zu entziehen, erschien ihr plötzlich lächerlich. Wie hatte sie glauben können, sie hätte eine Wahl?

Schwerfällig erhob sie sich und schleppte sich zum kleinen Schrank. Sie holte Federhalter, Tintenfass und Papier aus der Schublade und setzte sich. Sam zu schreiben erübrigte sich. Sie schrieb einen Abschiedsgruß an Wilson Bentley.

*

Selbst was er sonst ungern tat, machte ihm heute Spaß. Er fütterte die Hühner. Er sammelte die Eier ein und brachte sie ins Haus, neun waren es heute, im Winter legten sie nicht so oft. Aber er liebte die dummen Viecher, jedes Einzelne von ihnen hätte er an seine Brust drücken mögen.

Er strich ein Pfund Talg und ein halbes Pfund Harz in den Topf und setzte ihn auf dem Herd auf. Als er kräftig angefeuert hatte und die klebrige Masse schmolz, rührte er um. Er holte seine Stiefel und stellte sie an den Ofen, damit sie sich aufwärmten. Die Masse im Topf schlug erste Blasen. Er tunkte einen Pinsel hinein und strich den harzigen Talg auf das Stiefelleder. Selbst die Sohle pinselte er ein. Als das Leder nichts mehr aufsaugte, stellte er die Stiefel neben die Tür, damit sie im sachten Luftzug abkühlten.

Natürlich hatte er Mina noch nicht vollends gewonnen. Sie hatte prüfende Fragen gestellt bei ihrem Spaziergang. Aber sie mochte ihn! Sie hatte sich bei ihm eingehakt, und ihre Fragen zielten darauf ab, herauszufinden, ob sie ihr Leben gemeinsam verbringen konnten.

Heute Morgen im Bett war ihm klar geworden, wie er ihr Herz erobern und die letzten Zweifel aus dem Weg räumen würde. Er würde den großen Schlitten mit Decken auspolstern, die Pferde davorspannen und Mina bei Nashs abholen. Dann würde er mit ihr eine romantische Schlittenfahrt durch die Winterlandschaft unternehmen. Sie würde schon sehen, auch das Landleben besaß seinen Zauber!

Außerdem war ihm wieder eingefallen, was er vor Wochen herausgefunden hatte, als er sich mit den Kristallen am Fenster beschäftigt hatte: Die Eisblumen wuchsen den Bögen nach, in denen seine Mutter mit

Zeitungspapier über die Scheiben fuhr, wenn sie im Herbst die Fenster putzte. Es war, als gäbe sie mit ihrer Wischbewegung die Richtung und den Schwung vor, dem die Eisblumen folgten. Konnte man das nicht auch für Schrift nutzen? Heute Morgen hatte er seine und Minas Initialen auf das Fenster gekratzt – W + M – und ein Herz darum gemalt.

Das war jetzt einige Stunden her. Zeit, einmal nachzuschauen, ob sich seine Vermutung bestätigte! Er trat in sein Zimmer. Vor dem Fenster blieb er stehen. Er musste blinzeln vor Rührung. Sanftes Winterlicht fiel durch die Scheibe. Um die beiden Buchstaben und das Herz waren Farnwedel aus Eis gewachsen, Gräser, Blüten und federartige Gebilde. Sie hatten sich auf die Buchstaben gesetzt, als wollten sie die Liebe bestätigen.

Mina würde hingerissen sein. Er lächelte. Zurück in der Küche löste er eine Unze Bienenwachs mit Terpentinöl auf und fügte einen Teelöffel Lampenruß hinzu. Mit dem Terpentinwachs rieb er die Stiefel ein, bis sie glänzten. Eigentlich sollte man sie nach dem Eintalgen einen Tag stehen lassen, aber so lange konnte er nicht warten, er wollte blitzblanke Stiefel haben, wenn er Mina zur Winterfahrt einlud.

Jemand pochte laut an die Tür.

Mutter rief vom Obergeschoss: „Gehst du mal, Willy?"

Er öffnete.

Der Postbote reichte ihm zwei Briefe.

Wilson nahm sie entgegen und bedankte sich. Er schloss die Tür wieder. Die *New York Times* hatte geschrieben! Und – ihm blieb das Herz stehen vor Glück – Mina. Nicht nur er dachte die ganze Zeit an sie, auch sie dachte an ihn! Wie romantisch von ihr, einen Brief zu schreiben, obwohl sie doch bloß wenige Minuten Fußweg voneinander entfernt wohnten.

Auf dem Brief der *New York Times* klebte die 1-Cent-Marke mit Benjamin Franklin. Minas Brief trug keine Marke. Sie musste ihn dem Postboten mitgegeben haben. Ein Wagnis. Bald würde der ganze Ort wissen, dass er sie umwarb. Aber ihm war es recht! Sollten sie's nur alle erfahren!

„Wer ist gekommen?", rief Mutter.

„Die Post. Die ‚Times' hat geantwortet!"

„Und?"

Er öffnete den Brief. Zwei Wunder an einem Tag, es war beinahe zu viel für ihn. Wenn die *Times* seine Bilder der Schneekristalle veröffentlichte, würden Hunderttausende von Menschen sie sehen.

Aber sie … sie sagten ab. Er las den Brief ein zweites Mal. Er war sehr höflich verfasst, und die Redaktion bot an, ihm die Bilder und den Artikel zurückzuschicken, falls er das wünsche.

Er verstand es nicht. Was hatte sie gestört? Er konnte nicht gut schreiben, das wusste er. Aber dafür hatten sie doch Redakteure! Sie hätten den Text umformulieren dürfen, das hatte er selbst vorgeschlagen in seinem Anschreiben. Oder genügten ihnen die Bilder nicht? Meinten sie, dass ihre Leser sich nicht für Schneekristalle interessierten?

Was, wenn Mina, die doch aus New York kam, ihn fragte, ob die Zeitung schon geantwortet habe? Er wollte nicht wie ein Verlierer vor ihr dastehen. „Sie haben abgesagt, Mutter."

Von oben kam keine weitere Nachfrage. Mutter dachte sich ihren Teil. Hoffentlich bereute sie nicht, damals dafür gekämpft zu haben, dass er ein Mikroskop und eine Kamera erhielt. Er konnte sich noch genau an den Streit zwischen ihr und Vater erinnern.

Vater war vehement dagegen gewesen. „Einhundert Dollar!", hatte er gewettert. „Davon könnten wir vier Kühe kaufen! Ich bin nicht John Jacob Astor oder J. P. Morgan!"

„Er braucht diese Geräte, Edwin“, hatte Mutter gesagt. „Damit kommt er weiter.“

„Er braucht sie genauso wenig wie eine silberne Taschenuhr oder einen von diesen modernen Gummi-Regenmänteln.“

„Fotografieren ist die Zukunft! Ein Herr Eastman entwickelt sogar eine Kamera mit flexiblen Papierfilmen, heißt es.“

„Ach was. Ein paar Verrückte in den großen Städten fotografieren. Ich brauche Wilson zum Melken und zur Kartoffelernte, er hat lange genug gespielt, er ist siebzehn! Du hast ihn verzärtelt, du machst ihn lebensuntüchtig mit deinen wirren Ideen. Was soll denn aus ihm werden? Er erbt einmal diesen Bauernhof, zusammen mit Charles, er ist kein verdammter Künstler, und ich will auch keinen Künstler in der Familie haben!“

„Hast du seine Zeichnungen gesehen? Er hat vierhundert Schneekristalle zu Papier gebracht.“

„Soll er abends Schneeflocken malen, wenn ihn das glücklich macht. Dafür reicht das alte Mikroskop, das er schon hat. Tagsüber brauche ich ihn auf dem Feld.“

„Edwin, das ist kein kindliches Hobby. Unser Sohn betreibt wissenschaftliche Studien! Wie du es darstellst, hört sich’s an, als würde er nur herumkritzeln.“

Damals hatte es ausgesehen, als sei Mutter gescheitert. Zu seinem achtzehnten Geburtstag aber stand eine große Holzkiste auf dem Küchentisch, und er fand darin in einem Bett aus Holzwolle das Mikroskop und die Kamera, die er sich so sehnlich gewünscht hatte: ein nagelneues Mikroskop der *Bausch & Lomb Optical Company* mit einem Objektiv von 1,9 Zentimetern Brennweite und eine Balgenkamera, die man fast drei Fuß ausziehen konnte. Er hatte den Rest des Tages damit verbracht, die beiden Geräte im Schuppen aufzubauen, entfernte das Okular des Mikroskops und die Linse der Kamera, schob Mikroskop und Kamera zusammen und verband sie mit einer selbst gebastelten, lichtdichten Muffe. Er machte die ersten Bilder, die allesamt nichts wurden.

Seitdem hatte er, während die anderen in Jericho sich mit Square Dance und Cider vergnügten, an seinen Geräten gestanden und experimentiert. Belichtungsdauer, Stellung des Spiegels, wie weit er den Balg der Kamera auszog, Tiefenschärfe – er hatte alles angepasst und verändert und jedes Mal geduldig die Bilder entwickelt, um das Ergebnis zu begutachten, bis ihm die Apparate den ersten Schneekristall zu Papier gebracht hatten. Dabei hatte ihn immer das

Gefühl angetrieben, einem Wunder auf der Spur zu sein.

Aber scheinbar sah nur er diese filigranen Schneekristalle als Wunder an. Der Brief der *Times* erschien ihm wie der Schlusspunkt für seine Forschungen. Deine Arbeiten interessieren niemanden, sagte der Brief, du vergeudest bloß deine Lebenszeit.

Er knüllte ihn zusammen, öffnete die Ofenklappe und warf ihn ins Feuer. Minas Brief würde ihn trösten. Weil Mina ihm geschrieben hatte, würde er die Niederlage verkraften wie ein Ritter, der mit einer Verwundung vom Schlachtfeld heimkehrte und in der heimatlichen Burg liebevoll empfangen wurde.

Er holte ein Messer und schnitt den Umschlag auf. Erwartungsvoll entfaltete er das Briefblatt. Ihre Schrift und die blaue Tinte entzückten ihn. Minas Buchstaben waren zart geschwungen, er fühlte sich geliebt von diesen Buchstaben.

Lieber Mr Bentley,
wenn Sie diese Zeilen lesen, sitze ich bereits im Zug und habe die Heimreise nach New York angetreten. Der überstürzte Aufbruch wird Sie verwundern, vielleicht sogar ärgern. Ich möchte mich Ihnen erklären.

Ihnen wird nicht entgangen sein, dass ich Ihre Gesellschaft überaus genossen habe. Aber auch ich habe familiäre Verpflichtungen, denen ich mich beugen muss, und sie verlangen eine schleunige Rückkehr nach New York.

Was ich nie für möglich gehalten hätte, ist Ihnen gelungen. Ich habe für Stunden, wenn nicht gar für Tage den Grund vergessen, weshalb ich nach Jericho geflohen bin.

Jedes Mal, wenn es schneit, für den Rest meines Lebens, werde ich an Sie denken, Mr Bentley, und an Ihr herrliches Staunen über dieses Wunder, an dem wir alle blind vorübergehen.

Gehen Sie Ihren Weg, ich beschwöre Sie. Lassen Sie sich von niemandem einreden, ein Schneekristall sei wertlos. Ich bin glücklich, wenigstens für einige Tage Ihre Freundin gewesen sein zu dürfen. Leider war uns nicht bestimmt, dass ich mehr sein durfte als das.

Leben Sie wohl, lieber Wilson, lieber Mr Bentley, lieber Gottbestauner und Schneezauberer.

Ihre
Mina Seeley

Verblüfft starrte er auf den Briefbogen. Sie war fort! Sie saß im Zug nach New York. Er las den Brief ein zweites Mal. Einerseits verabschiedete sie sich von ihm, als würden sie sich nie wiedersehen. Andererseits offenbarte sie ihm ihr Herz. Von ihrer Zuneigung zu lesen, berührte ihn zutiefst.

Wollte sie, dass er ihr nachreiste? Fehlte es am letzten Beweis seines Interesses für ihre Person, und sie forderte ihn heraus, sich ihr zu offenbaren? Er drehte den Briefumschlag um. Warum hatte sie dann aber keine Adresse angegeben?

Offenbar war es ihr ernst mit dem Abschied. So hoch ihn der Brief eben noch gehoben hatte, so tief schmetterte er ihn nun nieder. Mina wollte ihn nicht. Sie schmeichelte ihm zwar und schrieb liebe Worte von einer Art, wie er sie noch nie gesagt bekommen hatte. Gleichzeitig aber kappte sie das Band, das sie miteinander verbunden hatte.

Er zerkratzte die Eisblumen und die Initialen an der Fensterscheibe und versteckte den Brief im Schrank. Tief im Inneren, hinter den Unterhosen. Dann wieder trug er ihn tagelang an seiner Brust. Einmal war er kurz davor, ihn anzuzünden und für immer zu vernichten. Aber er konnte es nicht.

Er setzte Antwortbriefe auf, auch wenn er wusste, dass Mina sie nie lesen würde. Die Wut musste aufs Papier, die Leidenschaft, die Sehnsucht.

Täglich, stündlich stieg und sank seine Hoffnung. Die Kühe glotzten stumm, als könnten sie das Unglück nicht fassen. Es schneite. Trist kam es ihm vor und bedeutungslos. Die Kristalle fielen zu Boden, wurden plattgetreten oder zerschmolzen zu dicken Schneeklumpen. Es war ihm gleichgültig.

Selbst das Essen schmeckte nicht mehr. Mutter buk Kürbiskuchen mit Käse, sein Leibgericht, aber er aß es lustlos, als wäre es Kreide. Er arbeitete stumm an Charles' Seite, und Charles fragte nicht nach, der Bruder konnte sich wohl zusammenreimen, was geschehen war.

Der Frühling setzte sich durch und brachte das Grün ins Tal. Im Mai starb der Vater. Wilson stand am Grab und dachte an Mina. Er fühlte sich schlecht deswegen, aber er konnte nicht anders, er war liebeskrank, er verzehrte sich nach dieser Frau, die ihn nicht gewollt hatte.

Als er mit der Schippe Erde auf den Sarg warf, wurde ihm klar, was er tun musste. Er konnte keinen Frieden finden, bis er nicht noch einmal mit ihr gesprochen und ihre Gründe gehört hatte. Er musste nach New York fahren und sie zur Rede stellen.

Kaum hatte er diesen Entschluss gefasst, atmete er auf. Es war erstaunlich: Alles fiel wieder an seinen Platz. Er konnte seine weinende Mutter umarmen und ihr von Herzen sein Beileid aussprechen. Er sah, dass die Zuckerahornbäume rings um den kleinen Friedhof gelb blühten, und dass die Bienen flogen. Er roch die honigsüße Frühlingsluft. Zu Hause schmeckte das gekochte Hammelfleisch und er aß eine doppelte Portion Eierkrem mit Zimt. Er war sogar in der Lage, sich mit den entfernten Verwandten zu unterhalten, die er jahrelang nicht gesehen hatte und die gekommen waren, um zu kondolieren.

Die weite Reise, die ihm bevorstand, beunruhigte ihn, aber wenn George Francis Train es in achtzig Tagen um die Welt geschafft hatte, dann würde er, Wilson, doch wohl nach New York City gelangen.

Zuerst überlegte er, die Sache heimlich anzugehen. Spätestens, wenn er nach New York aufbrach, würde er allerdings mit Mutter reden müssen, sonst alarmierte sie den Sheriff, weil er mehrere Tage verschollen war. Also konnte er genauso gut auch gleich mit ihr reden.

Aus Rücksicht auf sie wartete er nach der Beerdigung eine Woche. Dann holte er das Teleskop und Vaters alte Jacke vom Dachboden. Oben auf der Treppe verharrte er kurz und versuchte, sich das Gespräch auszumalen, das gleich folgen würde. Leicht würde es nicht werden.

Er gab sich einen Ruck und stieg hinunter. In der Küche breitete er die Jacke auf dem Tisch aus und wickelte das Teleskop darin ein.

Mutter drehte sich vom Herd um, wo sie gerade Erbsen röstete für Ersatzkaffee. „Was machst du da?“, fragte sie erstaunt.

„Ich fahre nach Burlington. Will versuchen, das Teleskop zu verkaufen."

„Aber warum? Du liebst es doch, die Sterne anzusehen! Seit Weihnachten liest du ständig im Buch von diesem Norman Lockyer, das du dir gewünscht hast, und redest von Planeten und Sternen und all dem."

„Ich mag auch weiterhin die Sterne. Und ‚Elemente der Astronomie' behalte ich. Aber ich brauche Geld, und wir haben keins mehr." Unter anderem durch die Beerdigung, wollte er sagen, aber ihm fiel rechtzeitig ein, wie pietätlos das wäre, und er hielt den Mund. Selbstverständlich hatte sein Vater eine stattliche Beerdigung verdient gehabt.

„Wozu brauchst du Geld?"

„Ich fahre nach New York."

Mutters Gesichtszüge entgleisten. Dann begriff sie und aus der Entgeisterung wurde Ärger. Sie wandte sich zum Herd um und wendete die Erbsen. „Du willst doch nicht etwa dieser Mina hinterherreisen?"

„Doch. Ich muss das tun."

„Dir ist schon klar, dass sie dir einen Korb gegeben hat, oder?"

Er hätte ihr die Sache mit dem fehlenden Absender nicht erzählen sollen. In einer dunklen Stunde hatte er sich für einen Moment geöffnet, und nun bekam er die Quittung dafür. „Das ist nicht sicher."

„Eine Frau, die sich wünscht, dass ein Mann ihr nachreist, hinterlässt ihm ihre Adresse. Willy, sie hat sich nicht mal von dir verabschiedet! Dass sie dir überhaupt geschrieben hat, war ein Fehler. Sie hätte klug genug sein müssen zu schweigen. War doch zu erwarten, dass du mit deinem verliebten Herzen etwas in die Zeilen hineininterpretierst."

„Dann kann sie den Fehler wiedergutmachen und mir in New York ins Gesicht sagen, dass sie nicht meine Frau werden will."

Mutter drehte sich um zu ihm. „Du willst ihr doch nicht etwa einen Antrag machen!"

Er schwieg.

„Du kennst sie kaum. Du rennst ins offene Messer! Blutet deine Seele nicht schon genug?"

„Ich finde keine Ruhe, solange ich nicht mit ihr gesprochen habe."

Sie schob die Pfanne an den Rand, wo der Herd nicht so heiß war, und trat zu ihm. „Junge, es gibt viele andere Frauen, du wirst sehen. Guck dich in Bolton um oder in Richmond, meinetwegen auch in Burlington. Dann hast du eine Chance, dass das Mädchen hier zu uns nach Jericho zieht. Mit einer New Yorkerin kann das nichts werden."

*

Er lieh sich einen alten Seesack bei den Nashs – niemand, den er kannte, besaß einen Koffer, die Einwohner von Jericho verreisten nicht – und packte Kleidung für eine Woche ein. Der Verkauf des Teleskops hatte zwanzig Dollar eingebracht, auch wenn der Mann, dem das Fotostudio gehörte, an jedem Kratzer herumgekrittelt hatte. Feilscherei war das bloß gewesen, denn als Wilson später die Straße noch einmal entlanggekommen war, hatte es schon im Schaufenster gestanden. Er würde es jemandem für das Doppelte verkaufen, da war Wilson sich sicher. Aber er war glücklich über die zwanzig Dollar, sie würden genügen für die Fahrt nach New York.

Heute ging er den Weg zum Bahnhof erneut. Er trug den Seesack auf der Schulter und die Kamera in einer Holzkiste, um die er dicke Hanffäden geschlungen hatte. Die Fäden schnitten ihm in die Hand, die Kiste wog schwer. Eine Schnapsidee, die Kamera mitzuschleppen! Aber er wollte nicht umkehren und sie zu Hause lassen. Wenn Mina sich mit ihm verlobte, wollte er ein Foto von ihr machen. Sicher würde sie nicht gleich New York verlassen können, sie würde einiges zu regeln haben. Und er musste ja rasch heimkehren, um mit Charles den Hof am Laufen zu halten. Der tobte sowieso schon wegen der „unnützen Reise" gerade jetzt, wo ihnen „die Arbeit bis zum Hals" stehe.

In New York gab es Fotostudios, keine Frage, aber er selbst wollte es sein, der Mina fotografierte. Niemand auf der Welt sah sie wie er. Das Foto bedeutete mehr, wenn er die Aufnahme machte.

Für 30 Cent löste er eine Bahnfahrkarte nach Essex Junction. Er nickte den Wartenden auf dem Bahnsteig zu. In Jericho kannte man einander, als gehöre man zu einer Großfamilie. Ira fuhr zur Käsefabrik *Brown's River*, sie arbeitete dort. Die drei Jungen, Russell, Jack und Robert, fuhren zum *Essex Classical Institute*, ihre Eltern konnten sich's leisten, der Vater von Russell und Jack war Anwalt, der Vater von Robert war Arzt. Zudem zahlten sie als Schüler nur den halben Fahrpreis. Harvey fuhr sicher nach Burlington, seine Schwester lebte dort.

Er, Wilson, war der Einzige, der den Bundesstaat Vermont verließ. Er drang aus ihrer Welt in eine neue, fremde Welt vor. Sie musterten ihn, aber aus Höflichkeit fragten sie nicht, wohin er mit seinem Gepäck wollte, und er war froh darüber. Er setzte die Kiste und den Seesack ab, und während die Jungen ihre Murmeln herausholten und sich ins Spiel vertieften, fingen Ira und Harvey ein Gespräch über den *General Allotment Act* an, der die Indianerreservate verkleinert hatte.

Harvey glaubte nicht, dass aus den Indianern Bauern werden würden, wenn man ihnen die weiten Landgebiete nahm, wie die Regierung hoffte. Sie waren Jäger und Sammler und würden das auch bleiben.

Aber wie solle das gehen, ohne Land, auf dem sie umherziehen konnten?, fragte Ira. Sie sagte, dass das Büro für Indianerangelegenheiten besser aufpassen müsse. Viele Weiße machten ein Geschäft daraus, den Indianern für einen Spottpreis ihre kleine Landparzelle abzukaufen. Die Indianer kannten das Konzept von persönlichem Landbesitz doch gar nicht!

Dafür würden ja die Internate eröffnet, damit die Indianerkinder endlich was lernten, sagte Harvey. Da würde man ihnen das Wilde schon austreiben. Sie dürften dort nur Englisch sprechen und die Stammesrituale seien verboten. Bald würden echte Amerikaner aus ihnen werden.

Das werde kein gutes Ende nehmen, warnte Ira. Harvey solle an die Schlacht am Little Big Horn denken! Da hätten sich die Sioux und die Cheyenne zusammengetan und General Custers Heer bis auf den letzten Mann getötet!

Wie lange sei das her? Zehn Jahre? Elf? Die Zeiten hätten sich geändert, sagte Harvey.

Ein Pfiff aus der Ferne kündigte den Zug an. Dann sah man die Rauchwolke, und schließlich stampfte der Zug heran. Er verlangsamte seine Geschwindigkeit und kam mit singenden, quietschenden Rädern mühsam zum Stehen.

Damit er nicht auf der Fahrt von den Nachbarn ausgefragt werden konnte, wartete Wilson, bis er sah, wo sie einstiegen, und eilte dann zu einem anderen Waggon. Der Schaffner half ihm mit der Kiste. Drinnen setzte er sich zu fremden Leuten ins Abteil. Glücklicherweise plauderten sie nicht, sondern lasen. Der Herr mit dem Schnauzbart las Charles Dickens, der Grauhaarige las den *Seltsamen Fall des Dr. Jekyll und Mr. Hyde* von Robert Louis Stevenson, ein Sensationsbuch, von dem jeder sprach. Er, Wilson, hatte es abgebrochen, weil er sich zu sehr gruselte. Stevensons *Schatzinsel* war da bedeutend besser gewesen, lange noch hatte er an den einbeinigen Schiffskoch Long John Silver gedacht.

Er sah aus dem Fenster. Diese Strecke kannte er gut. Bald aber würden Landstriche folgen, die er noch nie gesehen hatte. Der Schaffner rief in den Waggon: „Essex Junction!“, und Wilson verabschiedete sich knapp von den lesenden Herren und griff sein Gepäck. Eigentlich hieß der Ort Painesville, aber die meisten nannten ihn inzwischen Essex Junction, weil die Schaffner das immer riefen. Das taten sie, weil sich hier die Bahnlinien kreuzten und sie die Passagiere daran erinnern wollten, umzusteigen, denn in Essex Center konnte man nicht umsteigen. Vielleicht würden sie Painesville eines Tages offiziell in Essex Junction umbenennen, einfach wegen der Schaffner. So wie manche Frauen ihren Kosenamen als eigentlichen Namen verwendeten, wenn man sie jahrelang Kitty genannt hatte, obwohl sie eigentlich Ellen hießen.

Beim Agenten der *Central Vermont Railroad Company* sah er auf den Aushang. Leichen durften nur Erster Klasse fahren, stand da, sie reisten mit einem Ticket Erster Klasse im Sarg im Gepäckwagen. Na, vielleicht kam er ja als Leiche heim, wenn Mina ihn abgewiesen hatte. Er grinste.

Wilson hatte sich für die Reise am Tag entschieden. Ein Bett im Schlafwagen nach New York kostete fünf Dollar, zusätzlich zum teuren Erste-Klasse-Ticket von neun Dollar. Tagsüber hingegen konnte er die zweite Klasse buchen.

„Kann ich Ihnen helfen?", fragte der Reiseagent.

„Ja. Ich möchte nach New York. Zweiter Klasse."

Das kleine Pappkärtchen, das er erhielt, schien auf den ersten Blick wenig wert zu sein im Tausch gegen seine Silberdollars. Aber es war sein Eintrittsbillett in Minas Welt.

Als am Gleis der Day Express einfuhr, beeindruckte ihn die schiere Größe der Lok. Ein Monstrum aus Stahl, Schornsteinen, Stangen und Kolben, dessen kolossaler Rumpf die Menschen am Bahnsteig zwergenhaft klein erscheinen ließ. Die Lok zischte, sie war wütend über den Aufenthalt in den Bergen. Sie wollte weiterpreschen, es verlangte sie nach der Weite der Ebene.

Dies hier war nicht mehr die mickrige Burlington & Lamoille Eisenbahngesellschaft. Der Zug war nahezu doppelt so groß, und er würde ihn in die Fremde bringen, zwölf Stunden weit, in eine Stadt, in der niemand den Namen „Jericho, Vermont" kannte.

Auf dem Weg zur zweiten Klasse am Zug entlang kam er am Salonwagen vorüber. Durch eine Lücke zwischen den Vorhängen erhaschte er einen Blick auf die feinen Sessel, Sofas und Tische. Er sah zwei Damen und einen Herren, gekleidet wie prinzliche Hoheiten. Jericho musste Mina hinterwäldlerisch erschienen sein, wenn sie all das kannte.

Aus dem Postwagen wurde ein Sack abgeworfen, den der Gehilfe des Stationsvorstehers auflas und ins Verwaltungsgebäude trug: Briefe für die Region. Der Zug kam aus Chicago, er hatte viele große Städte passiert. Die Menschen dort hatten dem eisernen Monstrum ihre Nachrichten anvertraut, und mit seiner unaufhaltbaren Kraft hatte der Zug sie hierhergebracht. Der Stationsvorsteher hob im Austausch einen Sack zu den helfenden Händen hoch, die sich aus dem Postwagen streckten. Die Briefe aus der Region, bestimmt für Rutland und Boston.

Er stieg ein. Auch das Innere des Waggons war größer als bei der Burlington & Lamoille, es wirkte beinahe wie eine Wohnstube. Ein Pfiff ertönte. Ungeduldig fauchte die Lok. Sie stampfte los und zog ihren schweren Tross hinaus aus Essex Junction.

Wilson ergatterte einen Fensterplatz. Er sah sein

geliebtes Vermont vorüberrauschen, die weiten Wälder, Heimat von Braunbär, Elch und Kojote, und die silbernen Seen. Wehmütig sah er auf einsam daliegende Gehöfte, deren Acker umgeben war von Wildnis. Hier lebte er gern.

Ein Schaffner drückte einen Stempel mit Datum auf sein Pappkärtchen. Nach zweieinhalb Stunden stieg er in Rutland um. Frauen verkauften Proviantkörbe durch die Waggonfenster in den neuen Zug, der seinem Day Express an Größe in nichts nachstand.

Er kaufte nichts, bereute es dann aber, als er nach dem Zusteigen den anderen Passagieren beim Essen zusah. Eine gütige alte Frau gab ihm ein Stück Brot und etwas Käse ab und teilte einen Apfel mit ihm. Er redete kurz mit ihr. Sie fuhr zur Hochzeit ihres Sohnes in Kingston. Er arbeitete dort auf dem Bau.

Zehn Stunden krochen dahin. Er sah zahlreiche Städte, Troy, Rhinecliff, Poughkeepsie. Es wurde Abend. Im letzten Tageslicht erreichte der Zug New York. Und tatsächlich – es war eine andere Welt.

Sie fuhren in ein Gebäude ein. So etwas hatte er noch nie gesehen: dass ein Zug in ein Bauwerk hineinfuhr. Dort befand sich Bahnsteig neben Bahnsteig, und ein gewaltiges Dach überspannte sie alle, frei schwebend.

Grand Central Depot hieß dieses Wunder. Der Ausstieg war sehr bequem, die Bahnsteige hatten die Höhe der untersten Treppenstufe der Waggons.

Während er staunend neben dem Zug stand, strömten die Menschen an ihm vorüber. Wieder und wieder fragten ihn schwarzhäutige Gepäckjungen, ob sie ihm mit dem Seesack und der Kiste helfen könnten, und er lehnte jedes Mal ab.

Die meisten Züge endeten in der Halle. Schnaufend kamen die Loks zum Halt, andere fuhren rückwärts wieder hinaus. Aber es gab auch kleine, pferdegezogene Züge, die durch zwei kleine Tunnel in der Stirnseite der Halle in die Stadt hinausfuhren.

Er stolperte nach draußen, getrieben, mitgezogen von der Menschenmenge, und geriet auf die 42nd Street. Das schrille Leben New Yorks überforderte ihn. Da knallten die Zügel von Kutschern auf die Pferderücken. Halbwüchsige im Stimmbruch krakeelten die neusten Meldungen und verkauften Zeitungen. An den Häusern prangten riesige Plakate, die für Zigarren warben, für Theaterstücke, für Seife. Das Licht unzähliger Gaslaternen strahlte und der Himmel färbte sich tiefblau. Während um ihn herum die Hausfassaden tanzten, während ihm Uhren und Blumen angeboten wurden und aus den Lokalen Gelächter und Musik drang, während er Hunderte fremder Gesichter sah und Hüte und Jacken und Schuhe, wurde ihm mit Entsetzen bewusst, wie groß New York war und welche Aufgabe vor ihm lag, wenn er hier Mina finden wollte.

Er geriet auf den Longacre Square, fand Pferdeställe und die Werkstätten von Kutschenmonteuren. Hier roch es vertraut, er konnte aufatmen. Der dampfende Pferdemist erinnerte ihn an die Heimat. Vielleicht gab es in der Nähe eine Herberge. Von diesem Platz aus würde er sich New York erobern.

Verblüfft stellte er fest, dass die Straßen rings um den Longacre Square nur aus Gasthäusern, Spielsalons und Tanzhallen bestanden. Allerdings gingen die Herbergsgäste, so beobachtete er, stets ohne Gepäck in die Häuser, meist zu zweit und eng umschlungen. Solche Etablissements waren nicht das Passende. Einmal, als er endlich eine anständige Herberge zu finden glaubte, spähte er in eine von süßem Rauch erfüllte Opiumhöhle, in der schläfrige Menschen lange Pfeifen über Öllämpchen hielten. Von so etwas hatte er bisher nur in Romanen gelesen. Was war das für eine Stadt! Er hatte das Gerede über die verkommenen Großstädte bisher immer für ein Vorurteil der Landbevölkerung gehalten.

New York schien keine Nacht zu kennen. Überall waren Menschen unterwegs, sie feierten, arbeiteten, plauderten und tranken. Er irrte durch die Straßen wie ein verloren gegangenes Kind. Durch Zufall stieß er in einiger Entfernung vom Longacre Square auf ein Hotel namens Lancaster House, das ehrbar zu sein schien. Die Übernachtung kostete einen Vierteldollar, und ein Abendessen bekam er ebenfalls: Rinderbrühe, dann gesalzene Bratkartoffeln und etwas, das sie Tomatenketchup nannten, dem Geschmack nach Tomaten mit Essig und Senf zubereitet. So würde er einige Tage in New York überleben können.

Um in sein Zimmer zu gelangen, musste er erst die Bar und anschließend einen kleineren Speiseraum durchqueren, dahinter führte eine Treppe hinauf zu den Quartieren. Das Zimmer war kaum größer als ein Hühnerverschlag, in New York schien Platz eine Kostbarkeit zu sein. Aber es verfügte über ein Bett, einen Stuhl und eine Wäscheleine mit ein paar Wäscheklammern.

Die Toilette befand sich auf der anderen Seite des Hofs, darin lagen bei den drei Waschbecken ein Kamm, ein paar Handtücher und ein glitschiges Seifenstück bereit. Er wusch sich den Schweiß vom Oberkörper, warf sich Wasser ins Gesicht, kehrte ins Zimmer zurück und schlief ein.

In der Nacht wachte er stündlich auf. Erst stritten die Zimmernachbarn. Die Wand schien aus Papier zu sein, so deutlich hörte er jedes Wort. Dann pfiff eine Lokomotive. Gegen Mitternacht torkelte ein grölender Mann durch den Hof, begleitet vom sporadischen Kichern einer nicht minder betrunkenen Frau. Dann rumpelte es auf der Treppe. Ein andermal klapperten Pferdehufe über die Straße. Kurz vor Morgengrauen zerbrach irgendwo eine Flasche und eine Katze fauchte wütend.

Als die Sonne durch das winzige Luftloch in sein Zimmer schien, stand er auf. Der Kopf dröhnte ihm, als habe er im Lärm der Sägemühle geschlafen. Er schleppte sich die Treppe hinunter und über den Hof. Im Toilettenvorraum drängten sich dunkeläugige Männer und unterhielten sich in einer fremden Sprache. Er wartete draußen, bis sie fertig waren, und rieb sich in der Morgenkühle die Oberarme.

Nach einer Weile gingen sie. Er fand die Handtücher klatschnass vor. Sein Spiegelbild erschreckte ihn. Die Augen lagen in dunklen Höhlen, und tiefe Falten hatten sich beiderseits der Nase in die Wangen gegraben. Er rubbelte über die Haut, bis sie ganz rot war, und wusch sich mit kaltem Wasser. Das half ein wenig.

Für einen weiteren Vierteldollar frühstückte er. Es gab echten Kaffee, das machte ihn munter. Nach kurzem Überlegen ging er ins Zimmer, versteckte einen Teil seines Geldes in der Kiste bei der Kamera und schleppte sie hinunter zum Wirt. Schließlich war das Zimmer nicht abschließbar. Bereitwillig nahm der Wirt sie in seine Obhut.

Dann trat Wilson nach draußen. Nieselregen ließ ihn frösteln. Irgendwo in dieser Stadt war Mina, und sie hatte keine Ahnung, dass er sie suchte.

Zuerst einmal brauchte er einen Stadtplan, sonst fand er nicht einmal zum Hotel zurück, sobald er sich wieder in das Gewühl der Straßen begeben hatte. Wo würde es einen zu kaufen geben? Vielleicht in einem Postamt?

An der Straßenecke stand ein Polizist in blauer Uniform. Wilson sprach ihn an und fragte nach dem nächsten Postamt. Freundlich wies ihm der Polizist den Weg.

Er fragte rasch: „Und könnten Sie mir eventuell auch den Weg zur Schule weisen?“ Minas Rückkehr war inzwischen fast zwei Monate her, womöglich hatte sie hier in New York wieder eine Stelle in der Schule bekommen.

„Zu welcher Schule?“

Darauf wusste er keine Antwort. Welche Schule? Daran hatte er nicht gedacht. Hier gab es sicher mehrere. „Ich bin mir nicht ganz sicher“, stammelte er.

„Mister, wir haben über zweihundert Schulen in der Stadt. Da müssen Sie sich schon genauer ausdrücken. Sind Sie neu hier?“

Er nickte.

„Passen Sie bloß auf, sonst sind Sie schneller ausgeraubt, als Sie ‚Amen‘ sagen können. Halten Sie sich vom Tenderloin District fern, dreiundzwanzigste bis zweiundvierzigste Straße, fünfte bis siebte Avenue. Und von den Bordsteinschwalben. Die haben bei uns lange Finger.“

Er verstand kein Wort. Bordsteinschwalben? Tenderloin District? Aber er bedankte sich und wollte sich schon zum Gehen wenden, als ihm noch eine Frage einfiel. „Officer, wie viele Menschen leben in New York?"

„Das weiß niemand. Jeden Tag kommen neue an, Legale und Illegale. Vor ein paar Jahren waren wir eine Million, aber wie viele es jetzt sind …" Er zuckte die Achseln.

Eine Million Menschen. Ihm wurde schwindelig. Diese Stadt war ein Mysterium. Was wollten die Leute hier? Was suchten sie, warum schlossen sie sich dem Moloch an?

Drähte, vermutlich Telegraphenkabel, zerschnitten über seinem Kopf den Himmel. Dutzende Tauben saßen darauf. Was haben die Vögel in der Stadt gemacht, dachte er, bevor es Telegraphenleitungen gab? Bäume waren hier rar.

Er fand das Postamt und betrat seine kühle, große Halle. An acht Schaltern standen Wartende an. Er suchte sich eine Schlange aus und reihte sich ein. In der Post in Jericho ging es anders zu, da wurde man persönlich begrüßt und plauderte erst mal ein wenig. New York war mehr wie Burlington, nur noch um ein Vielfaches größer. Während er langsam vorrückte, kam ihm eine Idee. Er hatte in Burlington im Postamt einmal ein Buch gesehen, das sämtliche Familien der

Stadt enthielt und ihre gegenwärtige Adresse. Konnte es so etwas möglicherweise auch für New York geben? War das überhaupt möglich bei dieser Menge an Menschen?

Um am Schalter ernst genommen zu werden, kaufte er zuerst den Stadtplan. Dann fragte er nach dem Adressbuch.

Wortlos wies der Gefragte in eine Ecke des Postamts, wo sich gewaltige Bücher stapelten. Dann sah er an Wilson vorbei und sagte: „Der Nächste!"

Wilson presste die Stadtkarte an seine Brust und durchquerte die Halle. Die Bücherstapel erschienen ihm wie die größte Kostbarkeit auf Erden. Er nahm am schäbigen Tisch Platz und schlug eines der Bücher auf.

Endlosen Listen füllten die Seiten, Bruderschaften, soziale Organisationen und Friedhöfe, nach Denomination sortierte Kirchen, städtische Ämter. Er nahm den nächsten Band zur Hand. Darin waren Straßen aufgelistet und ihre Bewohner, angeordnet in aufsteigender Folge der Hausnummern. Wusste man in New York nicht, wer sein Nachbar war, und las hier nach, wer eigentlich nebenan wohnte?

Er grub das nächste Buch heraus. Als er es öffnete, schlug sofort sein Herz höher. Sacks, Saddler,

Sandefur, Sanchez … Er blätterte weiter. Schaefer, Schriever, Seaberry, Sean, Sedrick, Seekins … Sein Atem stockte. Seeley!

Auch die Vornamen waren alphabetisch sortiert. Adam, Andrea, Antony … Douglas, Duncan, Geoffrey, Katelyn – Mina! Es gab fünf Mina Seeley in New York. Nur fünf. Er nahm einen der Bleistifte, die auf dem Tisch bereitlagen, und schlug seine Stadtkarte auf. Es dauerte eine Weile, ehe er mit den Straßen zurechtkam. Dann aber hatte er jede der angegebenen Adressen markiert und sich zusätzlich am Rand noch einmal Straße und Hausnummer notiert. Trunken vor Freude verließ er das Postamt.

*

In den nächsten Stunden lernte er mehr von New York kennen, als er vorgehabt hatte. Er sah Hinterhöfe und erbärmliche Kellerverschläge. Dann wiederum die Häuser der Reichen mit Giebelchen und Türmchen, wo ihn, als er im betreffenden Haus nach Mina Seeley fragte, ein Dienstbote abwimmelte, Mina sei die alte Herrin und mit Sicherheit noch nie in Jericho gewesen.

Er sah eine Dampflok einen Personenzug über eine Art Brücke ziehen, die entlang der gesamten Straße verlief, wie eine Schwebestraße oberhalb der wirklichen Straße. Rumpelnd und zischend kam der Zug näher, dann brauste er vorüber, die Waggons so voll, dass die Leute stehen mussten.

Und überall Läden über Läden. Wie konnte es so viele Dinge geben, dass all die Buden und Geschäftsräume sinnvoll gefüllt waren! In Jericho gab es nur den Country Store, und der genügte für das, was man im Alltag benötigte. Brauchte er einmal neue Kleidung, fuhr er nach Burlington, aber auch dort waren zwei Geschäfte ausreichend: eines für Wäsche und Hemden, eines für Hosen und Jacken. Hier, in New York, gab es Läden für Filzhüte. Läden für Zigarren. Einen Laden für Spielzeug. Einen Laden für Ledertaschen. Er sah sogar einen Laden, der einzig und allein Hemdkragen verkaufte, weiße Hemdkragen in vielerlei Formen. Und überall kauften die Leute ein.

Er spürte denen, die kauften, und denen, die verkauften, einen grimmigen Hunger nach Dollars ab, eine innere Not, die mit oberflächlichem Lächeln kaschiert wurde. Aus Gesprächen, die er überhörte, erfuhr er, dass viele junge Männer aus Europa sich eine großartige Zukunft in Amerika erhofften, sie hatten von Öl gehört, das aus der Erde schoss, und von Staaten im Westen Amerikas, so groß wie ganz England, die abgesteckt und bevölkert und urbar gemacht wurden. Auch von Gold hörte er die jungen Männer tuscheln, das man aus den Bachläufen wusch.

Als es wieder dunkelte, hatte er erst drei Adressen überprüft, so riesig war die Stadt. Auf dem Weg zur vierten Adresse betrat er eine noble, stille Straße und entdeckte gebogene Laternenhälse, an denen Lampen hingen, die nicht wie das Gaslicht flackerten – sie gaben ein stabiles, kühles Licht ab.

Edisonlampen.

In New York sollten, so hatte er einmal gelesen, bereits zehntausend elektrische Lampen in Betrieb sein, hauptsächlich in den Häusern der Reichen. Bald wollte man der Dampfmaschine Konkurrenz machen, Edison forschte an Maschinen und Fahrzeugen, die allein mit elektrischem Strom angetrieben wurden. Aber dieser Edison tötete auch Katzen und Hunde mit elektrischem Strom. Wilson sah zu der still strahlenden Lampe hinauf. Die Leitungen, die den Strom transportierten, verliefen unter der Straße. Konnte es da womöglich ein Leck geben, das ihn umbrachte?

Er ging zügig weiter, der Weg war noch weit und führte ihn in ein gänzlich anderes Viertel. Zweimal bog er falsch ab, fand am Ende aber doch die Mott Street. Geschäfte warben hier mit chinesischen Schriftzeichen. Es war eine spärlich mit Gaslaternen beleuchtete, üble Gegend. Vielleicht sollte er besser nicht klopfen?

Unschlüssig stand er vor dem fünfstöckigen Gebäude, an dessen Fassade eine eiserne Treppe hinaufführte. Hatte der Polizist ihn nicht vor genau solchen Gegenden gewarnt?

Ich bin nicht den ganzen Weg hierhergereist, um jetzt vor Minas Haustür aufzugeben, dachte er.

Eine ängstliche Stimme in ihm antwortete: Aber vielleicht ist es gar nicht ihr Haus! Sie würde doch nie in so einer Gegend wohnen. Geh besser zur nächsten Adresse. Wenn die nicht die Richtige war, kannst du immer noch zurückkehren.

Er hatte das Gefühl, dass ihn bereits mehrere Augenpaare aus den dunklen Fenstern beobachteten. Nur im untersten und im obersten Stockwerk brannte Licht. Mit steifen Beinen ging er die letzten Schritte auf das Haus zu und klopfte. Als niemand antwortete, zögerte er und wollte sich schon abwenden. Schließlich drückte er aber doch die schwere Eisenklinke hinunter und betrat das Gebäude.

Es war dunkel im Hausflur, nur von der Gaslaterne draußen fiel durch ein langes, schmutziges Fenster im Flur etwas Licht herein. Der Flur war kahl und abweisend, und es roch nach verbranntem Essen.

Unter seinen Füßen knarrte der Holzboden. Er wagte sich zur ersten Wohnungstür und klopfte dort erneut. Nichts war zu hören. Als die Tür sich plötzlich öffnete, schrak er zusammen.

Ein Chinese sah ihn wortlos an.

„Ich suche Mina Seeley."

„Mina Seeley", wiederholte der Chinese in einem seltsamen Singsang. Er deutete die Treppe hinauf. „Ganze oben."

„Danke sehr!"

Ein großer Mann mit hervorstehenden Wangenknochen betrat hinter ihm das Haus. Blitzschnell schloss der Chinese seine Tür. Wilson warf einen zweiten Blick auf den Mann. Was wollte der hier? Sich an ihm vorbeizudrängeln, um nach draußen zu gelangen, wagte er nicht. Sollten die das unter sich ausmachen, was auch immer den Chinesen veranlasste, den knochigen Kerl zu fürchten.

Er ging die Treppe hoch. Der Mann folgte ihm. Nun wurde es ihm unheimlich. Die Treppe war dunkel. - Seine Fingerspitzen kribbelten und der Mund trocknete aus. Er ging schneller, nahm zwei Stufen auf einmal.

Auch der Mann beschleunigte seine Schritte. Im zweiten Stock packte er Wilson bei der Schulter und drückte ihn gegen die Wand. Die Hand des Fremden war wie eine Schraubzwinge, solche Kraft hätte er ihm nie und nimmer zugetraut.

Ein Messer blitzte auf.

Jetzt ist es aus!, dachte Wilson.

„Raus damit", verlangte der Knochige.

„Wovon sprechen Sie?", wisperte er.

„Asche. Kies. Zaster. Her mit den Kröten!"

Er will mich ausrauben, dachte er und fragte sich, ob es etwas brachte, nach der Polizei zu rufen.

Der Kerl schien seine Gedanken zu lesen. Er hob das Messer vor sein Gesicht und setzte die Spitze neben der Nase an. „Ein kleiner Stoß, und ab ist sie. Dann gehst du für den Rest deines Lebens mit einem Loch im Gesicht herum."

„Schon gut, schon gut. Ich gebe es dir ja." Er griff in die Innenseite seiner Jacke.

Der Räuber kniff drohend die Augen zusammen. „Schön langsam, Freundchen."

Betont langsam zog er die Brieftasche hervor.

Der Räuber schnappte sie ihm weg und entleerte sie mit flinken Bewegungen. Dann ließ er sie zu Boden fallen. „Die Firma dankt." Er ließ die Silberdollar in seine Hosentasche gleiten und grinste. Nachdem er noch einmal mit dem Messer gewinkt hatte, entkam er über die Treppe.

Wilson musste sich an der Wand abstützen, so hart schlug ihm das Herz gegen die Brust. Er hasste den Knochigen, und zugleich fürchtete er, dass der Schurke zurückkehren könnte und ihm tatsächlich die Nase aus dem Gesicht schnitt.

Ich werde dich bei der Polizei anzeigen, dachte er, und dann wollen wir doch mal sehen, wer zuletzt lacht. Offenbar war der Kerl schon bekannt im Viertel, sonst hätte sich der Chinese nicht so erschreckt. Die Polizei würde wissen, wo er zu finden war.

Wie gut, dass er nur ein paar Silberdollars bei sich gehabt hatte. Für die Rückfahrt reichte das Geld noch, das er in der Kiste versteckt hatte.

Höchstwahrscheinlich war es sowieso das falsche Haus. Hier lebte eine andere Mina Seeley. Eine

Alkoholikerin, die zufällig denselben Namen trug. Oder eine alte Witwe.

Immer noch zitternd vor Wut stieg er zum Ende des Treppenhauses hinauf. Die Tür im obersten Stockwerk bestand aus dunklem Holz, das einmal rot angestrichen gewesen sein musste. Jemand hatte die rote Farbe wieder abgeschliffen, nur in den Ritzen und Winkeln klebte sie noch. Die Klinke war grünspanig, mit geschwungenem Flügel. Er klopfte. Geld hatte er keines mehr, falls sie ihn erneut überfallen wollten.

Schritte näherten sich, dann wurde die Tür geöffnet.

Mina.

Sie sah müde aus, ihr Gesicht etwas aufgedunsen. Es ging ihr nicht gut, das sah er auf einen Blick. „Wilson?" Sie wischte sich die Hände an der Schürze ab.

„Ich bin … in New York, und da dachte ich, ich schaue mal vorbei."

Aus der Wohnung rief eine Männerstimme.

Ihr Blick flackerte. „Es passt jetzt wirklich nicht. Tut mir leid." Sie schloss die Tür.

Noch einmal hörte er durch die geschlossene Tür, wie nach Mina gerufen wurde. Sie antwortete wütend: „Ich komme ja schon!"

Er stand eine Weile da und wartete. Als es still blieb in der Wohnung, machte er kehrt und stieg die Treppe wieder hinunter. Das war es also gewesen, das großartige Wiedersehen. Er hatte sich ausrauben und von Mina die Tür vor der Nase zuschlagen lassen. Mutter hatte recht gehabt. Er bedeutete Mina nichts. Angst hatte in ihren Augen gestanden, sie war sichtlich erschrocken gewesen, ihn zu sehen. Was machte sie in diesem ärmlichen Haus? Und warum war sie so übermüdet und blass?

Unten angekommen, drückte er die Haustür auf. Jetzt fehlte nur noch, dass der Knochige hier auf ihn wartete. Er sah sich vorsichtig um. Die Straße war leer. Gerade, als er hinaustreten wollte, rief jemand drinnen seinen Namen. Schritte hasteten die Treppe hinunter, jemand sprang die letzten Stufen von jedem Treppenabsatz. Er drehte sich um.

Mina bremste auf der letzten Treppenflucht ab und ging die verbliebenen Stufen langsam hinunter. Verlegen strich sie sich eine Haarsträhne aus dem Gesicht. „Haben Sie morgen Zeit?"

„Natürlich."

„Wir können uns treffen, wenn Sie mögen."

„Gerne."

„Am besten nicht hier. Wie wäre es am Eingang von Castle Garden? Sagen wir, um vier am Nachmittag?“

Die Kieswege im Battery Park knirschten unter ihren Schritten. „Möchten Sie hinein?", fragte Mina und deutete auf die Mauern von Castle Garden.

„Was erwartet einen da drin?"

„Eine Art Theater. Man kann herumspazieren und bekommt Punsch und Minzsaft zu trinken. Von der Mauer hat man einen schönen Ausblick."

Sie sah besser aus als am Vortag. Beinahe wieder wie die alte Mina, die er in Jericho gekannt hatte. Sie trug ein hellgrünes Kleid mit Tournüre, die den Rock an der Rückseite aufbauschte, und um den Hals ein hübsches Schleifchen.

Er musterte die Preise am Ticketschalter. Dafür knöpften sie einem unverschämte fünf Dollar ab? „Ich wäre dafür, wir erobern uns den Park hier draußen. Fünf Dollar sind viel Geld, ich wurde gestern in Ihrem

Haus ausgeraubt und muss aufpassen, dass es noch für die Fahrkarte zurück nach Jericho reicht."

„Sie wurden … In meinem Haus?" Sie riss die Augen auf.

„Ja. Vielleicht kennen Sie den Dieb sogar. Der kleine Chinese im Erdgeschoss zumindest hat ihn nicht zum ersten Mal gesehen. Der Dieb hat große Wangenknochen und einen stechenden Blick. Ist einen Kopf größer als ich, ein drahtiger Kerl. Er hat mich mit einem Messer bedroht."

Sie nickte. „Das ist Feather. Er muss Ihnen nachgeschlichen sein."

„Wunderbar! Ich habe ihn schon angezeigt, aber jetzt, wo wir den Namen wissen, gehe ich gleich nachher noch mal aufs Polizeiamt und ergänze das. Die werden ihn bald haben."

„Tut mir leid, das werden sie nicht."

„Und wieso nicht?"

„Die Polizei in New York ist durch und durch korrupt. Die Hälfte der Polizisten sind selbst Ganoven. Feathers Bruder zum Beispiel. Er wird ihn jedes Mal rechtzeitig warnen, bevor man versucht, ihn festzunehmen."

Er war wie vor den Kopf gestoßen. „Aber wie kann

die Polizei … Ich meine, wenn die Polizei aus Ganoven besteht, wie kann dann die Stadt überleben?“

Mina hatte sich nicht bei ihm eingehakt, und ihre spärlichen Gesten beim Reden wirkten seltsam verhalten auf ihn. Wurde sie selbst von Ganoven unter Druck gesetzt? Weshalb die Kühle? Oder hatten sie sich in den wenigen Wochen so voneinander entfremdet? Andererseits gab sie ihm auch keinen endgültigen Korb. Sie hätte sich nicht mit ihm verabreden müssen.

Am Ufer blieb er stehen. Wie konnte er das Gespräch auf die wichtige Frage lenken, ob es ein Wir für sie geben könnte?

Mina stellte sich neben ihn und sah schweigend auf das Wasser hinaus.

„Das ist die Freiheitsstatue dort hinten, richtig?“, fragte er. Feigling!, schalt er sich. Du wolltest was ganz anderes fragen. Du wolltest fragen: Kommen Sie mit mir nach Jericho?

Vielstöckige Schaufelraddampfer fuhren zum Monument. Sie nahmen sich winzig aus im Vergleich zur himmelstürmenden Frau aus Bronze. Er sagte: „Ich hab gelesen, dass Alexandre Gustave Eiffel dem Künstler beigesprungen ist. Jetzt baut er einen Turm in Paris, heißt es, aus Eisenfachwerk. Es soll das höchste

Bauwerk der Welt werden. In zwei Jahren dient es der Weltausstellung als Eingangsportal."

„Glauben Sie nichts, bevor Sie's nicht sehen. Diese Freiheitsstatue hätte es auch beinahe nicht gegeben."

„Wirklich?"

„Das war ein Hin und Her mit der Finanzierung! Zuerst hatten wir nur den Arm hier, den mit der Fackel. Er stand jahrelang im Madison Square Park, während Spendenkomitees in Frankreich und bei uns versucht haben, das Geld für die Statue zusammenzubringen. Dann haben sie in Paris den Kopf fertiggestellt und haben ihn zur Attraktion gemacht, um Geld einzuwerben. Und am Ende war zwar die ganze Statue fertig, aber bei uns fehlte das Geld für den Sockel."

Der Wind wehte in starken Böen vom Wasser her. Er trieb ihr die Haare ins Gesicht, und sie strich sie sich aus den Augen. Wie gern hätte er Mina den Arm umgelegt, wie gern hätte er sie gewärmt!

„Beinahe wäre die Statue nicht in New York, sondern in Boston aufgestellt worden – Boston hatte nämlich das Geld für einen Sockel und war bereit, die Statue zu übernehmen. Na ja, am Ende hat die ‚New York World' einen großen Spendenaufruf gestartet, und es kamen hunderttausend Dollar zusammen, und damit konnte der Sockel gebaut werden. Jetzt ist sie hier, die Statue, seit einem halben Jahr, und alle lieben sie, wahrscheinlich, weil sie selbst dafür bezahlt haben."

„Leuchtet die Fackel in der Nacht?"

„Ja, mit elektrischem Strom. Sie haben dafür extra ein kleines Kraftwerk auf die Insel gebaut."

Sie begannen wieder, am Ufer entlangzugehen.

„Vater ist gestorben", sagte er. „Charles und ich kümmern uns jetzt allein um den Hof."

Sie sah ihn an. „Das tut mir leid. Es ist schlimm, die Eltern zu verlieren. Ihre Mutter haben Sie aber noch, richtig?"

„Ja, Gott sei Dank. Wie steht es mit Ihren Eltern?"

„Meine Mutter ist gestorben, als ich zwölf war. Vater lebt hier in New York. Er liebt die Stadt."

Wie konnte man diese Stadt lieben? Den Müll, die Halsabschneider, den Lärm? „Die Kinder sind alle traurig, dass Sie nach New York zurückgegangen sind. Sie waren die beste Lehrerin, die sie je hatten, haben mir einige gesagt."

„Danke."

„Ich habe Sie genauso vermisst."

Nun hakte sie sich doch bei ihm ein. „Ich Sie auch,

Wilson. Ich muss Ihnen etwas beichten. Seit ich aus Jericho heimgekehrt bin, kaufe ich jeden Tag die ‚New York Times'. Ich lese jede einzelne Seite, um ja nicht den Artikel über Ihre Schneeflocken zu verpassen."

„Das bringt nichts. Er wird nicht erscheinen."

Sie wandte sich ihm erschrocken zu. „Oh, das tut mir leid. Haben sie abgesagt? Das muss eine große Enttäuschung für Sie gewesen sein."

„Am gleichen Tag kam Ihr Brief."

Mina sah zu Boden. Wortlos ging sie einige Schritte. Dann sagte sie: „Ich habe jedes einzelne Wort so gemeint, wie ich es geschrieben habe."

Er bekam kaum noch Luft vor Freude. Der fehlende Absender war nur ein Versehen gewesen. Sie hatte ihn gern, genauso, wie er sie liebte! Er blieb stehen. „Mina, könnten Sie sich vorstellen, wieder nach Jericho zu kommen und zu unterrichten?"

Aber sie hob nicht den Blick. „Ich kann nicht."

„Wieso nicht? Wir könnten an den Nachmittagen spazieren gehen, und wenn es Winter wird, spanne ich für uns die Pferde vor den Schlitten, und wir machen eine herrliche Ausfahrt durch das Land. Sie könnten üben, Kühe zu melken, Sie könnten den Kindern Rechnen und Lesen beibringen, wir – "

„Ich kann nicht."

Er griff nach ihrer Hand. „Hören Sie, ich bin nicht zufällig hier. Ich bin nach New York gekommen, weil ich Sie sehen wollte. Können wir nicht Freundschaft schließen? Ich meine, eine tiefe, innige Freundschaft. Ich würde mir das wünschen."

Nun sah sie hoch. Das feuchte Schimmern in ihren Augen verriet, dass sie verstanden hatte, was er meinte. „Für wen müssen Sie mich nur halten, dass Sie so eine weite Reise für mich auf sich nehmen!"

„Machen Sie sich keine Sorgen. Seien Sie einfach Sie selbst, so wie Sie es immer waren. Ich bin gerne hergekommen. Ach, ich bin so froh, dass ich es Ihnen beichten darf. Ich könnte es der ganzen Welt sagen vor lauter Freude!"

Minas Gesicht blieb ernst. „Ich würde mir diese innige Freundschaft mit Ihnen sehr wünschen, Wilson, Sie können gar nicht erahnen, wie sehr. Aber ich kann Sie nicht erhören."

Er ließ ihre Hand los. Die Männerstimme in der Wohnung. Sie war verlobt oder jedenfalls vergeben. Natürlich war sie vergeben, wie konnte eine Frau wie Mina nicht vergeben sein! Er war so dumm gewesen, einfach nach New York zu fahren. „Warum nicht?", fragte er kraftlos, und dachte: Ich kenne doch die Antwort längst.

„Weil alles, was Sie sind und was ich an Ihnen liebe, kaputtgehen würde, wenn ich Ihren Antrag erhöre! Sie brauchen Jericho. Sie brauchen Schneekristalle und die Stille des Landlebens, das Staunen gehört zu Ihnen, die Vögel, die Bäume, die Bäche. Wissen Sie, wie oft hier in New York die Temperatur unter den Gefrierpunkt sinkt? In manchen Jahren überhaupt nicht! Schnee ist hier eine Rarität. Vögel, Bäume, Bäche: all das haben wir nicht. Sie müssten sich selbst aufgeben, und das will ich nicht, das kann ich nicht wollen."

Also wollte sie nicht nach Jericho kommen. Und nach New York zu ziehen, war für ihn tatsächlich keine schöne Vorstellung. „Ist das nicht meine Entscheidung? Mit welchem Recht nehmen Sie mir die Möglichkeit zu wählen?"

„Mit welchem Recht?" Sie holte bebend Atem. „Weil schon einmal ein Mann für mich alles aufgegeben hat. Ich ertrage es nicht ein zweites Mal."

„Verstehe", sagte er knapp.

„Nichts verstehen Sie. Überhaupt nichts." Tränen liefen ihr über die Wangen. Sie machte auf dem Absatz kehrt und ging.

„Augenblick! Wo wollen Sie hin?“ Er eilte ihr nach.

„Nach Hause.“

Eine Weile ging er neben ihr her. „Warten Sie doch. Wollen Sie mir nicht erklären …?“

Sie würdigte ihn keines Blickes mehr. Es war offensichtlich, dass sie allein sein wollte.

Er blieb stehen. „Ich möchte Sie wiedersehen“, rief er ihr nach. Aber sie drehte sich nicht mehr um.

Wie schafft es diese Frau nur, dachte er bitter, mir immer wieder zu sagen, dass sie mich liebt, und mich gleichzeitig von sich zu stoßen?

*

Bis sie die Five Points und die Mott Street erreicht hatte, waren die Tränen auf ihrem Gesicht getrocknet. Die Haut spannte, wo ihre Wangen nass gewesen waren. Mister Li fing sie im Treppenhaus ab. „Ihre Vater weggelaufen. Wollte kaufen Farben! Habe geholfen und heimgebracht.“

„Oje. Danke, Mister Li. Wirklich, tausend Dank.“ Sie umarmte ihn.

„Keine Ursache.“

Farben hatte er gekauft? Wie würde die Wohnung

aussehen? Mit einem mulmigen Gefühl im Bauch stieg sie die Treppe hoch. Sie schloss die Wohnungstür auf und trat ein. Farbkleckse auf dem Boden führten in Vaters Zimmer.

Sie folgte den Flecken. Als sie das Zimmer betrat, presste sie fest die Zähne aufeinander. Alles war bunt. Die Wände, die Gardinen, die Bettdecke, der Tisch. Vater hatte mit den Farben regelrecht gewütet. Gelb. Blau. Grüne Mischtöne. „Was machst du denn? Ich war doch nur drei Stunden weg. Konntest du nicht ein Mal vernünftig sein und zu Hause bleiben?“

Er stand am Fenster, tunkte die Finger in einen Farbtopf und malte lange Striche an die Scheibe. Verwundert drehte er sich um. „Wer sind Sie? Ich kann mich nicht erinnern, Sie eingeladen zu haben.“

„Ich bin Mina, deine Tochter.“ Auch beim tausendsten Mal tat es ihr weh, von ihm nicht erkannt zu werden. Sein suchender Blick, die in Grübelfalten gezogene Stirn, dann das Aufgeben: Nein, an diesen Menschen erinnerte er sich nicht.

Die Wohnung wieder in Ordnung zu bringen, würde Tage dauern. Sie suchte die passenden Deckel für die einzelnen Töpfchen und verschloss sie damit.

„Entschuldigen Sie“, fragte Vater mit sanfter,

höflicher Stimme, „könnten Sie mich eventuell nach Hause bringen? Ich habe den Weg vergessen."

„Du bist zu Hause, Daddy. Das hier ist dein Zuhause."

Erneut das Stirnrunzeln. Er sah sich im Zimmer um und erkannte es offensichtlich nicht wieder. Kein Wunder angesichts der kompromisslosen Umgestaltung, die er vorgenommen hatte.

Ein farbverkleckstes Stück Stoff lag am Boden. War das etwa – ? Ihre Lieblingsbluse! Sie las sie vom Boden auf und brachte sie in die Küche, um sie auszuwaschen. Auf der Schwelle zur Küche erstarrte sie.

Vaters Staffelei stand am Fenster. Genau an dem Platz, wo er immer gemalt hatte, weil das Licht dort am besten war. Von der Leinwand lächelte sie ein Gesicht an, mit dünnem Pinsel gemalt, ein Entwurf erst, so wie Vater seine Bilder immer zuerst entworfen hatte. Es war eine junge Frau, nicht blond wie sie, sondern dunkelhaarig. Sanft blickte sie den Betrachter an, ihr Mund war weich von Güte. Wie viel Liebe Vater in die Linien gelegt hatte! Und wie genau das Bild ihrem Gesicht entsprach!

Er betrat hinter ihr die Küche.

„Du hast dich erinnert", flüsterte sie.

„Wovon sprechen Sie?"

„Erkennst du, wer das ist auf dem Bild?"

„Ein schönes Bild. Bezaubernd. Haben Sie das gemalt? Man kann jetzt schon sehen, wo Sie hinwollen, natürlich, da liegt noch einiges an Arbeit vor Ihnen, aber man erkennt das Talent."

„Du hast das Bild gemalt, Vater."

„Ich? Nein, ich war das nicht."

Neben dem Bild lag die Mischpalette, und in einem Glas lehnten die guten Pinsel. Sie nahm einen Pinsel heraus, tunkte ihn in die Farbe und malte in die Ecke Vaters Initialen. „RS, siehst du? Das bist du. Richard Seeley. Du hast Mutter gemalt. Deine Frau."

„Diese Frau, das ist meine … meine Ehefrau?", stammelte er.

„Ja, diese wunderschöne Frau gehört zu dir. Stell dir vor, ihr habt vor fünfundzwanzig Jahren geheiratet!"

Er fragte schüchtern: „Darf ich zu ihr?"

„Sie ist gestorben, Vater, schon lange." Sie drehte sich zu ihm um.

Mit zitternder Hand fuhr er sich über das Gesicht und hinterließ eine Farbenwüste. „Sie ist weg. Sie ist …"

„Aber du hast sie gemalt. Du hast dich an sie erinnert."

Etwas veränderte sich in seinem Blick. Es war, als würde er plötzlich begreifen. „Mina, mein Mädchen. Was ist nur mit mir?"

„Nichts, Daddy. Es ist alles in Ordnung."

„Danke, dass du mich nicht alleinlässt. Ich bin so durcheinander. Aber du bist bei mir." Er kam auf sie zu.

Sie umarmten sich. Dass die Farbe ihre Kleider beschmutzte, war ihr gleichgültig. Vater hielt sie im Arm. Und er wusste, wer sie war.

*

Als der Wirt erfuhr, wohin Wilson die Kamera tragen würde, bleckte er gekränkt die Zähne. „Hier in Lancaster House, wo Ihnen nicht mal die Stubenfliegen was zuleide tun würden, soll ich auf Ihre Kiste aufpassen wie auf meinen Augapfel. Und jetzt tragen Sie die kostbare Kamera allein und ungeschützt in die Five Points!"

„Ich weiß schon", sagte er, „das ist nicht die beste Gegend. Ich habe längst einschlägige Erfahrungen gemacht. Aber genau dort möchte ich jemanden fotografieren."

„Kann der Herr nicht hierherkommen?“

„Es ist eine Dame und ich habe ihre Geduld bereits überstrapaziert. Ich gehe besser zu ihr.“

„Halten Sie sich von den Five Points fern, hören Sie auf mich!“

Wilson schulterte die Kiste.

„Sie sind stur wie ein Ire. Himmel! Dann befolgen Sie wenigstens diesen Rat: Machen Sie sich auf den Heimweg, bevor es dämmert.“

„Ich werde mich bemühen.“ Er verließ die Herberge und lief mutig los. Ein paarmal musste er die Kiste absetzen und auf der Karte nachsehen, in welche Straßen er einzubiegen hatte. Bevor er Minas zwielichtiges Viertel betrat, prägte er sich den Weg genau ein und ging dann, ohne anzuhalten, durch die schäbigen Straßen.

Folgte ihm dieser Feather-Ganove? Er sah sich immer wieder um. Wie konnte Mina es hier nur aushalten? Zeitungsfetzen wehten über den Gehweg. Überall klebten dunkle kleine Häufchen, Kautabak, den die Männer einfach auf die Straße oder an die Hauswand gespuckt hatten. Am Straßenrand standen Fässer, die von Müll überquollen.

Wieso zog Mina diese heruntergekommene Stadt

seiner Heimat vor? Sie war in Jericho doch glücklich gewesen!

Hinter zerbrochenen Fensterläden erschienen schmutzige Kindergesichter. Die Kleinen sahen neugierig nach seiner Kiste. Endlich Minas Haus. Auf der Treppe kam ihm eine Frau um die dreißig entgegen, ein wenig dicklich und mit geröteten Händen, als habe sie gerade etwas geschrubbt oder gewaschen.

Sie nahm ihn am Arm und zog ihn wieder aus dem Haus hinaus. „Das lassen Sie mal hübsch bleiben. Sie sind Wilson, stimmt's?"

„Was wollen Sie von mir?" Er riss sich los.

„Ich bin Samantha, Minas Freundin. Sie dürfen Sam zu mir sagen. Ich möchte Ihnen eine Frage stellen. Kommen Sie, wir gehen ein Stück."

„Woher weiß ich, dass Sie mich nicht ausrauben wollen?"

Samantha lachte. Sie lachte so natürlich und frei, dass er ihr gar kein Gewaltverbrechen mehr zutrauen konnte. Als sie sich wieder beruhigt hatte, sagte sie mit gespielt finsterer Miene: „Geben Sie mir all Ihr Geld!" Und dann lachte sie wieder. Sie hakte sich bei ihm unter, aber ganz offensichtlich nicht, um Schutz zu suchen, sondern um ihn von Minas Haus wegzuführen. „Haben Sie vor, nach New York zu ziehen?"

Was für eine Frage! „Meine persönlichen Pläne – "

„Ich meine, könnten Sie sich das vorstellen, hier zu leben?", unterbrach sie ihn.

Darauf zielte sie also ab. Offenbar redete sie Mina zu, er solle Jericho aufgeben, um bei ihr zu sein. „Ich möchte nicht Ihre Stadt beleidigen. Aber hat Ihnen Mina erzählt, wie es in Jericho ist?"

„Ja. Sehr ruhig und ländlich."

„Jericho liegt in den Bergen. Wir haben Schnee von November bis April, manchmal sogar bis Mai. Herrlichen, weißen, sauberen Schnee. Und Zuckerahornbäume. Und Kühe."

„Sie sind Bauer, richtig? Und Sie machen das mit den Schneeflocken, Mina hat mir davon erzählt."

Dass Mina mit ihrer Freundin über ihn redete, gab ihm ein warmes Gefühl in den Bauch. War das nicht ein gutes Zeichen? Er war ihr wichtig. Und dass die Freundin ihn ausfragte, zeigte, wie ernst Mina die Sache war.

Sam sagte: „Also, Sie wissen, in New York würden Sie wahrscheinlich kaum mal eine Schneeflocke zu Gesicht bekommen. Und Sie müssten sich einen Job suchen, müssten Zugabteile auskehren oder Zeitungen verkaufen."

„Wieso schließen Sie von vornherein aus, dass sie vielleicht bei mir in Jericho glücklich werden könnte? Ich sage ja nicht, dass sie ihren Beruf an den Nagel hängen muss. Die meisten Männer würden das verlangen. Aber ich bin nicht so, sollen die Leute sich das Maul zerreißen, sie soll gerne Lehrerin bleiben, es wird doch eine Lehrerin gebraucht in Jericho!"

Samantha zog ihn weiter fort. „Lassen Sie den Besuch bei ihr besser sein. Sie brechen ihr sonst das Herz."

Er blieb stehen. „Und mein Herz? Fragt jemand, ob das nicht längst gebrochen ist?"

Sam lachte. „Ja, ich verstehe, warum sie so auf Sie fliegt." Sie musterte ihn. „Aber es kann nicht klappen mit Ihnen beiden."

„Und warum nicht?"

„Darf ich Willy zu Ihnen sagen? Ich erkläre Ihnen jetzt mal was, Willy. Mina hat Sie gern. Wirklich. Sie hat ordentlich Tränen vergossen wegen Ihnen. Aber da gibt es noch einen anderen Mann in ihrem Leben, und der hat nun mal die älteren Rechte. Als ihre Mutter gestorben ist, war Mina zwölf. Ihr Vater hat daraufhin seine Künstlerkarriere aufgegeben und auf dem Bau geschuftet, um sie durchzubringen. Als sie endlich erwachsen war, hat er wieder nicht gemalt, sondern in einem Zigarrengeschäft gearbeitet, obwohl ihm der Tabakgestank zuwider war. Alles nur, damit sie Lehrerin werden konnte. Jetzt, wo sie endlich aus dem Gröbsten raus ist und er wieder das Malen angefangen hat, wird er altersschwachsinnig. Er hat alles für Mina aufgegeben. Deshalb wird sie bei ihm bleiben."

„Aber ihr Vater könnte doch mitkommen nach Jericho! Da gibt es herrliche Berge zu malen und Wälder und Tiere!"

„Begreifen Sie das nicht? Er kann nicht mehr malen! Er weiß nicht einmal mehr, wer er ist, geschweige denn, wer ich bin oder Mina. Haben Sie eine Vorstellung, wie furchtbar das für einen Menschen ist? Einzig und allein an seine Straße kann er sich erinnern, und er findet sich an manchen Tagen in seiner Wohnung zurecht, und ganz selten, manchmal, hat er einen lichten Augenblick und wechselt ein paar Worte mit Mina. Man kann ihm nicht das bisschen Orientierung nehmen, das er noch hat, und ihn in eine wildfremde Gegend verfrachten. Das würde ihn vollends verwirren."

„Wie alt ist ihr Vater?“

Sam warf ihm einen entsetzten Blick zu. „Sagen Sie Mina bloß nicht, dass Sie darauf warten wollen, dass er stirbt.“ Sie ergriff seine Hände und hielt ihn fest. „Willy, lieben Sie Mina? Dann tun Sie das Einzige, was ihr im Moment helfen kann: Lassen Sie sie in Ruhe.“

Was bedeutete das? Sollte er ein Jahr warten? Zwei Jahre? Fünf? Und warum sollte er sie überhaupt in Ruhe lassen? Konnte er nicht mit ihr selbst darüber reden? War es wirklich das Beste für sie oder dachte das nur Sam?

„Nun schauen Sie sich Ihr bestürztes Gesicht an. Sie lieben sie wirklich, oder?“

Er blinzelte eine Träne fort. „Was dachten Sie?“

„Meine kleine Mina. Hat so ein Glück, einen Mann wie Sie zu finden! Glauben Sie mir, ich find's auch jämmerlich, dass Sie nicht zusammenkommen können. Aber Sie müssen verstehen, dass sich Mina mit Mühe zu der Entscheidung durchgerungen hat, ihren Vater zu pflegen, anstatt ihn im Armenhaus enden zu lassen. Sie könnte sich das nie verzeihen. Orientierungslos, wie er ist, in all dem Schmutz und Gegröle in den Schlafsälen, inmitten der Obdachlosen und Trinker. Sie liebt Sie, aber es würde Mina zugrunde richten.“

Er rang mit sich, die Schlacht tobte immer ärger in ihm. Musste er aus Liebe nicht das tun, was für Mina das Beste war, selbst wenn es ihm das Herz zerriss? Andererseits, gab er nicht zu früh auf? Sam sah ihn mitleidig an. Er sagte: „Ich möchte noch einmal mit ihr reden. Wenigstens verabschieden will ich mich."

„Glauben Sie mir", antwortete sie leise, „es ist besser, wenn Sie das nicht tun."

Kaum war er zu Hause angekommen, schrieb er ihr einen Brief.

Liebe Miss Seeley, liebe Mina,

ich kann Ihnen kaum sagen, wie ich mich fühle. Ich bereue es mit jeder Faser meines Herzens, nach Jericho zurückgekehrt zu sein, ohne Sie noch einmal gesprochen zu haben. Sam wird Ihnen von unserem Gespräch erzählt haben. Vermutlich ist sie böse, dass ich Ihnen schreibe, aber ich kann nicht ohne ein weiteres Wort aus Ihrem Leben scheiden.

Dass Sie Ihren Vater pflegen, bewundere ich. Es ist sicher die richtige Entscheidung. Aber stimmen Sie mit Sam überein, dass er seine gewohnte Umgebung in New York so dringend braucht? Könnte er nicht hier in Jericho eine wunderbare, neue Heimat finden? Sie beide wären uns herzlich willkommen.

Bitte verzeihen Sie, dass ich Sie mit dieser Frage bedränge. Ich muss sie stellen, sonst finde ich keinen Frieden. Ich hoffe noch auf ein gemeinsames Häuschen am Waldrand mit Schnee auf dem Dach und sanften Hügeln, auf denen Kinder fröhlich Schlitten fahren.

Mit innigsten Grüßen, Ihr
Wilson Bentley

Zwei Wochen später traf Minas Antwort ein.

Lieber Wilson,

ich habe Sam zuerst nichts von Ihrem Brief erzählt, aber dann hat sie es doch erraten, sie kennt mich zu gut. Sie ist nicht böse, nur besorgt. Glauben Sie mir, Ihr Besuch in New York hat mich kräftig durcheinandergebracht. Und gefreut natürlich! Mein Entschluss, Papa zu pflegen, kam ins Wanken. Das darf aber nicht geschehen. Ich möchte bis zum Ende bei meinem Vater bleiben.

Er hat letzte Woche wieder eine klare Stunde gehabt. Wir haben zusammen Lieder gesungen und von früher erzählt. Das war so wunderbar! Auf keinen Fall kann ich ihn aus der gewohnten Umgebung reißen, so gern ich auch bei Ihnen in Jericho wäre.

Was Gott sich dabei gedacht hat, zuerst Zuneigung in uns zu erwecken und uns dann durch die Umstände vor unüberwindliche Hindernisse zu stellen, weiß ich nicht. In den letzten Tagen fällt es mir schwer, mit ihm zu reden. Ich bin böse auf ihn, glaube ich.

Einmal werden wir das alles verstehen. Für einen Blick in Ihre kastanienbraunen Augen würde ich vieles geben, aber ich wüsste dann nicht, ob ich Vater verließe, deshalb darf er nicht sein.

Bitte verzeihen Sie Ihrer
Mina

Die nächsten Monate schrieben sie sich wöchentlich, sie erzählten sich vom Alltag, klagten einander ihr Leid, tauschten Kindheitserinnerungen aus. Im Herbst wurden Minas Briefe länger, aber zugleich auch oberflächlicher, es schien Wilson, als verbiete sie sich, ihre Empfindungen zu Papier zu bringen. Dann, im November, kam kein einziger Brief. Er schrieb zweimal. Zu Weihnachten erhielt er eine Postkarte, auf der sie sich entschuldigte. Sie klang seltsam distanziert. Vielleicht hatte sie jemanden kennengelernt.

Er hielt den Kontakt aufrecht, so gut er konnte. Schrieb ihr in den nächsten Jahren jedes Mal, wenn Charles und Mary ein neues Kind bekamen. Nach Alric kam Agnes zur Welt, dann folgten Arthur, Alice, Archel, Amy, Anna, Alwyn. Wilson liebte sie alle und sie liebten ihn. Wenn Charles polterte, Schnee könne man nicht essen, dann rissen die Kinder den Mund auf, streckten die Zunge heraus und fingen Schneeflocken darauf. Sie riefen: „Kann man doch! Kann man doch!" Ständig waren ein oder zwei der Kinder in Wilsons Haushälfte. Sie sahen ihm bei den Experimenten zu, sie spielten Klavier oder ließen sich Geschichten erzählen.

Außerhalb Jerichos wusste kaum jemand von seinen Schneekristallforschungen, seit der Ablehnung der *New York Times* hatte er es aufgegeben, sie bekannter zu machen. Er erzählte auch Mina nichts mehr - darüber. Und als sie einmal drei aufeinanderfolgende Briefe nicht beantwortete, ließ er das Schreiben ganz.

Im Februar 1898 klopfte überraschend ein Vertreter des *Harvard Mineralogical Museums* an die Tür. Er interessiere sich für die Fotografien Mister Bentleys, sagte er. Aufgeregt zeigte Wilson ihm die Bilder. Der Mann bestellte Abzüge davon und bezahlte sie bar. Er benötige sie für Studien der Harvard-Universität, sagte er, und für eine öffentliche Ausstellung.

Einige Wochen später bekam Wilson eine Ausgabe der Zeitschrift der Akademie der Künste und Wissenschaften zugeschickt, in der man vom Aufkauf der Bilder berichtete. Die Zeitschrift lobte Wilson dafür, dass er zu jedem Bild penibel das Wetter notiert hatte, sie lobte die Technologie der Fotografie, die „große und perfekte Sammlung“ von Schneekristallen und seine Geduld und sein Können.

An diesem Tag schrieb er Mina wieder einen Brief.

Liebe Miss Seeley,

Sie haben mich immer ermutigt, weiterzumachen mit der Beobachtung der Schneekristalle. Wir haben lange nichts mehr voneinander gehört, ich möchte Ihnen heute aber unbedingt schreiben, dass die Harvard-Universität meine Bilder gekauft hat und dass es dort eine öffentliche Ausstellung geben soll. Danke, dass Sie mir Mut gemacht haben! Ich muss gestehen, ich habe mich all die Jahre immer mit Ihnen verbunden gefühlt, wenn ich neue Kristalle einfing und fotografierte, auch nachdem unser Briefkontakt aufgehört hatte. Also ist dieser Erfolg zu einem Teil auch der Ihre. Sogar in der Zeitschrift der Akademie der Wissenschaften schreibt man von den Kristallen. Danke, dass Sie an mich geglaubt haben und einem einfachen Mann vom Land so viel zutrauten.

Ich hoffe, Ihnen und Ihrem Vater geht es gut. Unterrichten Sie in der Schule? Hat Ihre Cousine sich in Europa eingelebt? Und wie geht es Sam? Ich bedauere ein wenig, dass wir uns so aus den Augen verloren haben.

Mit freundlichen Grüßen,
Wilson Bentley

Er brachte den Brief zur Post, und allein der Gedanke an Mina gab ihm so viel Kraft, dass er am nächsten Tag zur Universität von Vermont fuhr. Schon lange hatte er sich diesen Schritt überlegt, hatte aber nie gewagt, ihn auszuführen. Er bat im Sekretariat um ein kurzes Gespräch mit dem Staatsgeologen Vermonts, Professor George Henry Perkins.

Im Wartezimmer vor dessen Büro verließ ihn allerdings der Mut. Die Hände zitterten ihm, und er bekam so weiche Knie, dass er fürchtete, wenn er aufzustehen versuchte, würden ihm die Beine versagen. Dieser Mann besaß einen Doktortitel von der Yale-Universität! Er unterrichtete seit zwanzig Jahren als Professor Naturwissenschaften! Wie konnte er meinen, ihm noch etwas Neues zeigen zu können, er, ein einfacher Bauer?

Ein freundlicher grauhaariger Mann mit Halbglatze erschien in der Tür und bat ihn herein. Die Beine gehorchten, Wilson konnte stehen und gehen und der Aufforderung Folge leisten. Drinnen ließ ihn Professor Perkins in einem Ledersessel Platz nehmen, setzte sich ihm gegenüber hin und hörte geduldig zu. Am Ende seiner stockenden Ausführungen legte Wilson die Fotos auf den Tisch, die er mitgebracht hatte.

Die buschigen Augenbrauen des Professors fuhren in die Höhe. Fasziniert beugte er sich über die Bilder. „Sie müssen das unbedingt publizieren", sagte er.

„Ich kann nicht. Schreiben war nie meine Stärke. Und ich habe nicht studiert wie Sie, ich … ich schaue mir einfach nur die Schneekristalle an."

Der Professor blieb unerbittlich. Er schickte Wilson wieder nach Hause mit der Anweisung, einen Artikel zu schreiben. Er werde ihm anschließend dabei helfen, die Redakteure der wissenschaftlichen Zeitschriften anzusprechen.

Tagelang schloss Wilson sich zu Hause ein und antwortete nicht einmal auf das wütende Rufen seines Bruders. Nur wenn die Post kam, verließ er das Zimmer, weil er auf eine Antwort von Mina hoffte. Sie kam nicht.

Er rang sich Wörter und Zeilen ab. Stundenlang saß er am Tisch, mit brennenden Augen. Aber es blieb bei einer erbärmlichen halben Seite. Der Artikel taugte nichts. Nach einer Woche gab er den Versuch auf. Er schlief für den Rest des Tages und die darauffolgende Nacht, suchte dann sämtliche Aufzeichnungen der letzten Jahre zusammen und einen großen Vorrat an Bildern und fuhr erneut zur Universität von Vermont.

Professor Perkins sah ihm sofort an, dass er alles gegeben hatte. Mitleidig klopfte er ihm auf die Schulter. „Haben Sie überhaupt geschlafen in der letzten Woche?"

Wilson bat ihn: „Wenn Sie einen Wert in dem sehen, was ich da mache, dann veröffentlichen Sie es."

Im Mai 1898 erschien der Artikel „Eine Studie von Schneekristallen" unter den Autorennamen W. A.

Bentley und G.H. Perkins. Professor Perkins machte in einer Fußnote deutlich, dass sämtliche Fakten, Theorien und Illustrationen Wilson Bentleys unermüdlichen Untersuchungen der Schneekristalle entstammten.

Wilson las den Artikel wieder und wieder und versuchte, daraus zu lernen. Den nächsten Artikel verfasste er – unter Beratung von Professor Perkins – selbst. Er erschien in *Popular Science News*. Zeitschriften in ganz Amerika und Europa griffen das Thema auf, überall wurde über ihn und die Schneekristalle geschrieben. Mehr als zwanzig Universitäten und Museen forderten Fotografien an.

In Jericho aber änderte sich wenig. Wilson hackte Unkraut auf dem Kartoffelfeld, er molk die Kühe und machte Heu. Die Mutter litt so schwer unter Rheuma, dass sie ans Bett gefesselt war.

1903 veröffentlichte das berühmte internationale Wissenschaftsjournal *Nature* Wilsons Schneekristallfotos, 1906 folgte *National Geographic*. Bald gab es kaum mehr eine Universität, die nicht seine Bilder in den Vorlesungen verwendete.

Er ließ sich einen Bart wachsen. Oft dachte er an Mina, und ab und an weinte er, draußen im Wald.

Seine Tränen wurden im Schnee zu Eis. Aber meistens war er zufrieden mit dem, was er hatte.

In Jericho begriff niemand, was er tat. Die Zeitschriften, in denen er veröffentlichte, wurden hier nicht gelesen. Er galt immer noch als der schrullige Mann, der Schnee sammelte, anstatt anständig zu arbeiten.

So waren die Menschen in Vermont. Sie beargwöhnten Dinge, die sie nicht kannten. Fremde Völker wie die der Indianer oder der Afrikaner. Ungewohnte Musik. Selbst die Iren, die in Jericho einwanderten, wurden misstrauisch beäugt. Wie sollten da die Leute seine Arbeit verstehen und ernst nehmen, wenn sie ihnen niemand erklärte?

Wilson hängte zwischen zwei Bäumen ein weißes Laken auf, schleppte Stühle aus dem Haus und lieh bei den Nachbarn zusätzliche Bänke aus. Er lud in der ganzen Stadt zum Lichtbildvortrag ein. Das Wetter war perfekt: Es war ein lauer Junitag, der Himmel wolkenlos. Kaum ein Lüftchen wehte. Am Abend, als die Dämmerung hereinbrach, probierte er so lange mit der Entfernung zum Laken und den Lampen herum, bis er die Schneekristalle klar und deutlich auf das Laken projiziert bekam. Er ging ein letztes Mal seine Notizen durch.

Pünktlich um acht Uhr wollte er beginnen, aber es waren erst vier Leute da. Also vertröstete er sie und wartete noch. Fünf nach acht kamen zwei weitere. Von tausendfünfhundert Einwohnern brachten nur der Anwalt und der Postbeamte mit ihren Frauen, Mutter Nash und Charles genug Interesse auf, um ihm zuzuhören, während er das Wunder der Schneekristalle erklärte.

Er schluckte die Enttäuschung herunter und begann mit seinem Vortrag. Die Grillen zirpten und von Zeit zu Zeit flog eine Fledermaus wie ein lautloser Schatten am weißen Laken vorüber.

Als er das dritte Bild zeigte, einen herrlichen Stern, dessen Strahlen sich zu fein verzierten Plättchen verbreiterten, kam ein weiterer Gast und setzte sich. Er wollte dem Neuankömmling dankbar zunicken. Da verließ ihn mitten im Satz die Fähigkeit, Worte zu formen. Er stammelte ein paar Silben und verstummte.

Die Frau im grünen Kleid sah ihn vorsichtig fragend an. Als habe sie ihm eine lebenswichtige Frage gestellt. Ihre Augen schimmerten im Widerschein des Lichtbilds. Tiefblau waren sie, wie der Himmel am Sommermorgen, solche Augen vergaß man nicht so leicht, vor allem, wenn man jeden Tag daran dachte.

Er lächelte.

Sie lächelte zurück.

Jetzt begann der Vortrag, ihm Spaß zu machen. Er zeigte seine Schätze her, die schönsten Kristalle der vergangenen Jahre, Plättchen mit Linienornamenten, sechsseitige Eisprismen, dutzendfach verzweigte Sterne. Er wies auf die kapillaren Röhrchen in den Plättchen und in den Eisnadeln der Sterne hin, je zwei Röhrchen, die parallel zueinander verliefen wie Tunnel durch das Eis, ein Phänomen, das Reif und Raureif nicht kannten, nicht einmal Eisblumen am Fenster, nur in den Schneekristallen kamen sie vor. Er zitierte Kepler, der 1611 die erste Schrift verfasst hatte, die sich ausschließlich mit Schneekristallen beschäftigte, und schon damals gerätselt hatte, weshalb Schneekristalle eine hexagonale Gestalt hatten. Er zeigte Zeichnungen aus dem berühmten Werk *Micrographia* des britischen Physikers Robert Hooke.

Als der Vortrag vorüber war und die Zuhörer sich nach einer kurzen Fragerunde verabschiedeten, kam als Letzte Mina zu ihm. Die anderen liefen, mit Kerosinlampen ausgestattet, nach Hause, ihre Lichter irrten wie Glühwürmchen durch den nachtschlafenden Ort. Nur sie beide standen noch dort, über sich den

Sternenhimmel, und sahen sich an. Sie brauchten keine Worte. Alles, was zu sagen gewesen wäre, erzählten sich ihre Hände, die sich sanft berührten.

Nachwort des Autors

Was aus Mina und Wilson wurde, wissen wir nicht. Allerdings verrät sein Notizbuch, dass er Mina Seeley am 7. Januar 1912 fotografierte und zwei Wochen später erneut. Und am 4. Februar 1915 steht in Wilson Bentleys Handschrift darin: „Eisblumen-Monogramm Mina".

Niemand hat festgehalten, was an diesem Tag geschah. Haben sie sich ihre Liebe erklärt? Hat er ihr Monogramm auf die Fensterscheibe gemalt und ihr gezeigt, wie die Eisblumen es umranken?

Ich wünsche es ihm.

Wilson Bentley hat über sein Privatleben wenig gesprochen. Aber er gab 1925 in einem Interview mit dem *American Magazine* einen kleinen Einblick in das, was ihn motivierte und antrieb:

Während die anderen Jungs meines Alters mit Spielzeuggewehr und Schleuder spielten, war ich darin versunken, Dinge unter dem Mikroskop zu betrachten: Wassertropfen, winzige Steinbrösel, eine Vogelfeder, das fein geäderte Blütenblatt einer Blume.

Aber immer, von Anfang an, waren es die Schneeflocken, die mich am meisten fasziniert haben. Die Bauersleute hier oben im Norden fürchten den Winter, ich hingegen war überglücklich, vom Tag des ersten Schneefalls – der für gewöhnlich im November kam – bis zum letzten, manchmal erst im Mai.

Unter dem Mikroskop entdeckte ich, dass Schneeflocken Wunder von atemberaubender Schönheit sind, und ich fand es schade, dass diese Schönheit nicht von anderen gesehen und geschätzt wurde. Jeder Kristall war ein Meisterwerk, und kein Gestaltungsentwurf wurde je wiederholt. Wenn eine Schneeflocke schmolz, war das Kunstwerk für immer verloren. So viel Schönheit war fort, ohne irgendeine Aufzeichnung darüber zu hinterlassen. Mehr und mehr erfasste der Wunsch von mir Besitz, den Leuten etwas von dieser wunderbaren Lieblichkeit zu zeigen, der Wunsch, auf gewisse Art ihr Bewahrer zu werden. […]

Als ich siebzehn Jahre alt war, überredete meine Mutter meinen Vater, mir das neue Mikroskop und die Kamera zu kaufen, die ich schließlich in den Apparat weiterentwickelt habe, den ich heute noch verwende. Sie kosteten einhundert Dollar! Sie können sich vorstellen – oder vielleicht können Sie das nicht, wenn Sie nicht wissen, wie der durchschnittliche Bauer so ist –, wie mein Vater es hasste, das ganze Geld für etwas auszugeben, das ihm als alberne Grille eines Halbwüchsigen erschien.

Irgendwie schaffte meine Mutter es, ihn dazu zu bringen. Aber er fand nie zu der Überzeugung, dass es die Sache wert gewesen war. Er und mein älterer Bruder dachten immer, dass ich mit den Schneeflocken meine Zeit verschwende.

[In Jericho] *haben sie immer geglaubt, dass ich übergeschnappt bin oder ein Dummkopf oder beides. Vor Jahren habe ich gehofft, sie könnten anders empfinden, wenn sie verstehen würden, was ich tat. Ich dachte, sie könnten sich freuen, es zu verstehen. Also habe ich angekündigt, dass ich im Ort einen Vortrag halten und Lichtbilder von meinen Fotografien zeigen würde. Sie sind wunderschön, wissen Sie, herrlich anzusehen auf der Leinwand. Aber am Abend des Vortrags erschienen nur sechs Leute, um mir zuzuhören. Bei freiem Eintritt, wohlgemerkt, und es war ein schöner Abend mit angenehmem Wetter. Aber sie hatten kein Interesse.*

So wenig ihn die Einwohner seines Heimatorts Jericho auch akzeptierten und verstanden – die wissenschaftliche Welt und Hunderttausende von Menschen in Europa und Amerika bewunderten, was er tat. Und er gab sein Bestes, um ihr Staunen über das Wunder der Schneekristalle zu wecken. 1902 schrieb er den längsten Artikel seines Lebens und schickte ihn zusammen mit 255 ausgewählten Fotografien an den *Monthly Weather Review.* Man spürt dem Artikel Wilsons Staunen ab, wenn er beschreibt: „Als die letzten säumigen Wolkenlegionen über mir entlangzogen, gaben sie einige weitere ausgewählte Beispiele von Schneekristallarchitektur frei, als Reiseandenken, die vom Geschick des Göttlichen Künstlers zeugen."

Der Autor dankt …

Barbara Ellermeier, die nichts weniger als ein Recherchegenie ist. Sie fand alles für mich heraus, sogar, wie viele Kühe Wilson Bentley im Stall hatte.

Dafür hat sie die Unterstützung folgender Personen gewonnen, denen ich herzlich danken möchte: Nadia Schreiber Smith und Sharon Thayer (Bailey/Howe Library, University of Vermont), Harriet Wheatley Riggs (Richmond Town Historian), Paul Carnahan (Vermont Historical Society), Michael Sherman (Vermont History Museum), Carol Casey (Chittenden County Historical Society), Martha Turner (Richmond Historical Society), Peter Wolf (Jericho Historical Society) und den Damen und Herren in der Library of Congress.

Elli Bochmann für hilfreiche Hinweise zur Dramaturgie der Geschichte.

Nicole Schol und Stefan Wiesner. Ihr seht Schönheit in Büchern bei adeo, das merkt man der Gestaltung und dem Inhalt an. Danke, dass ihr an mich und meinen „Schneekristallforscher“ geglaubt habt und beim Mittagessen auf der Buchmesse sofort davon begeistert wart.

Titus Müller

Drei Jahrzehnte deutsch-deutscher Geschichte

978-3-453-44125-5

978-3-453-44126-2

978-3-453-44127-9

HEYNE

Leseprobe unter **www.heyne.de**